MARKETING DIGITAL

FACEBOOK

Para Vendas

Na Maior Rede Social do Mundo

Autor
Josué Matos

Índice

Prefácio

O sucesso nas vendas em plataformas digitais não é um acaso; é o resultado de estratégias bem elaboradas e adaptadas à realidade de cada rede social. Nesta série de livros, exploramos como transformar redes sociais em ferramentas poderosas para alavancar vendas. Começamos com o Instagram, uma plataforma visual que conecta marcas a consumidores através de estética e engajamento. Passamos pelo TikTok, onde o entretenimento se torna o elo entre produtos e clientes. Agora, chegamos ao Facebook, a maior e mais madura rede social do mundo.

Este terceiro e último volume da série não apenas fecha um ciclo, mas também amplia suas possibilidades. O Facebook é uma plataforma robusta, com uma base de usuários diversificada e recursos sofisticados que oferecem oportunidades únicas para empreendedores e profissionais de marketing. Este livro vai guiá-lo pelo universo do Facebook, desde a criação de páginas e grupos impactantes até o uso eficaz de campanhas de anúncios e do Marketplace.

Como brasileiro vivendo em Portugal, encontrei inspiração em minha própria jornada para compartilhar este conhecimento. Sou Josué Matos, autor de mais de 50 livros, incluindo **Tio**

Rico, Sobrinhos Pobres e **A Arte de se Reinventar**. Com uma década de experiência em plataformas digitais e um Bacharelado em Publicidade, Propaganda e Marketing em andamento, dediquei minha carreira a auxiliar empreendedores a alcançarem o sucesso no mundo digital. Minhas viagens pela Irlanda do Norte, Canadá e Estados Unidos ampliaram minha perspectiva e me ajudaram a desenvolver estratégias inovadoras, que compartilho com você neste livro.

Este livro não é apenas uma exploração do Facebook como ferramenta de vendas, mas também um convite para que você, leitor, transforme seu potencial em resultados. Aqui, você encontrará dicas práticas, estudos de caso e insights que ajudarão a impulsionar suas vendas e a conquistar sua audiência.

Seja você um iniciante ou um profissional experiente, este guia será um recurso valioso na sua jornada de vendas digitais. Está na hora de desbloquear o verdadeiro poder do Facebook e fazer desta rede social um dos principais pilares do seu negócio.

Josué Matos

1. Introdução ao Facebook como Plataforma de Vendas

O Facebook é uma das redes sociais mais influentes e amplamente utilizadas no mundo, com mais de 2,9 bilhões de usuários ativos mensais. Desde seu lançamento em 2004, a plataforma evoluiu de um simples espaço para conexão entre amigos e familiares para uma ferramenta poderosa de marketing, comunicação e vendas. Neste capítulo, exploraremos como o Facebook se tornou uma plataforma indispensável para empresas que buscam aumentar suas vendas, expandir sua base de clientes e construir relações mais próximas com seu público-alvo.

A Importância do Facebook no Cenário Atual

Com sua ampla base de usuários, o Facebook é um dos poucos espaços online capazes de atingir praticamente qualquer tipo de público, independentemente de idade, localização geográfica ou interesses. Essa abrangência permite que empresas de todos os tamanhos utilizem a plataforma para se conectar com consumidores em potencial.

Uma das principais vantagens do Facebook como plataforma de vendas é a quantidade de dados que coleta sobre seus usuários. Informações sobre interesses, comportamento de compra, localização e interações são utilizadas para criar um ambiente altamente segmentado, onde é possível direcionar campanhas publicitárias com precisão cirúrgica. Este nível de personalização permite às empresas maximizar o retorno sobre o investimento (ROI) e minimizar desperdícios em campanhas ineficazes.

O Papel dos Recursos Integrados no Processo de Vendas

O Facebook oferece um conjunto robusto de ferramentas voltadas especificamente para o comércio. Entre elas, destacam-se:

•**Facebook Marketplace:** Um espaço onde indivíduos e empresas podem listar produtos e serviços diretamente para venda. O Marketplace é especialmente útil para pequenos negócios e empreendedores locais que buscam visibilidade na comunidade.

•**Lojas do Facebook (Facebook Shops):** Um recurso que permite criar vitrines virtuais personalizadas diretamente na plataforma. As lojas são projetadas para facilitar a experiência de compra, permitindo que os consumidores naveguem, escolham e adquiram produtos sem sair do aplicativo.

•**Anúncios no Facebook (Facebook Ads):** O sistema de publicidade paga da plataforma é um dos mais sofisticados do mercado, oferecendo opções para campanhas baseadas em objetivos específicos, como gerar cliques, vendas ou reconhecimento de marca.

•**Grupos e Comunidades:** Espaços onde marcas podem interagir diretamente com seu público, criando um senso de pertencimento e incentivando discussões que promovam seus produtos ou serviços.

•Messenger e WhatsApp Integrados: Ferramentas de comunicação instantânea que permitem um atendimento direto ao cliente, muitas vezes essencial para finalizar vendas ou esclarecer dúvidas sobre produtos.

Como o Facebook Revolucionou o Marketing e as Vendas

Antes da ascensão das redes sociais, as estratégias de marketing eram amplamente centradas em meios tradicionais, como TV, rádio e impressos. O Facebook trouxe uma revolução ao permitir que até pequenas empresas competissem em igualdade de condições com grandes corporações, utilizando a segmentação e o alcance global oferecidos pela plataforma.

Além disso, o formato interativo do Facebook permite que as marcas dialoguem diretamente com os consumidores, criando uma relação mais humana e autêntica. Os recursos como comentários, reações e compartilhamentos não apenas aumentam a visibilidade, mas também fornecem feedback valioso para aperfeiçoar produtos e serviços.

O Desafio de Se Destacar na Multidão

Embora o Facebook ofereça um universo de oportunidades, também apresenta desafios significativos. A concorrência é intensa, com milhares de empresas disputando a atenção dos usuários diariamente. Para se destacar, é essencial desenvolver conteúdo criativo, investir em campanhas bem planejadas e monitorar constantemente os resultados para ajustes e melhorias.

Outro ponto crucial é a necessidade de se adaptar às mudanças frequentes nos algoritmos do Facebook. Essas alterações podem impactar diretamente o alcance das publicações, exigindo um acompanhamento constante para manter a relevância.

Considerações Finais

O Facebook se consolidou como uma ferramenta essencial para vendas e marketing no mundo digital. Com recursos inovadores e uma base de usuários impressionante, ele oferece possibilidades quase ilimitadas para empreendedores e empresas. No entanto, para aproveitar ao máximo essas oportunidades, é fundamental entender o funcionamento da plataforma, identificar o público-alvo com precisão e alinhar estratégias às especificidades do mercado.

Nos próximos capítulos, aprofundaremos as táticas, ferramentas e melhores práticas para transformar o Facebook em uma verdadeira máquina de vendas.

2. Compreendendo o Algoritmo do Facebook

O algoritmo do Facebook é o mecanismo por trás da organização e exibição de conteúdo no feed de notícias dos usuários. Compreender como ele funciona é essencial para otimizar a presença online, maximizar o alcance das publicações e garantir o engajamento com o público-alvo.

A Evolução do Algoritmo

Desde sua criação, o algoritmo do Facebook passou por diversas atualizações para melhorar a experiência do usuário. Originalmente, o feed de notícias apresentava conteúdo em ordem cronológica. No entanto, com o aumento do volume de conteúdo gerado por usuários e páginas, tornou-se necessário criar um sistema para destacar publicações relevantes.

Algumas das principais mudanças incluem:

1.   **2013 - Story Bumping**: Introduziu a possibilidade de ressurgirem postagens mais antigas, mas ainda relevantes, no topo do feed.

2.   **2018 - Interações Significativas**: O foco passou a ser a promoção de interações entre amigos e familiares em detrimento de conteúdo de páginas.

3. **2021 - Experiência do Usuário e Feedback Direto**: O algoritmo passou a considerar respostas diretas dos usuários sobre o que desejam ver no feed.

Principais Fatores Considerados pelo Algoritmo

O algoritmo do Facebook utiliza vários sinais para determinar a relevância de uma postagem para cada usuário. Estes sinais podem ser classificados em quatro categorias principais:

1. Interações Pessoais

O algoritmo prioriza publicações que geram interações significativas, como comentários, compartilhamentos e reações. Quanto mais uma postagem encoraja conversas e engajamento, maior é a chance de aparecer no feed.

2. Tipo de Conteúdo

Fotos, vídeos, links e textos são tratados de forma diferente pelo algoritmo. Em geral, vídeos nativos (publicados diretamente no Facebook) tendem a ter maior alcance, especialmente se forem assistidos por mais de três segundos.

3. Recência

Conteúdo mais recente costuma ser priorizado, embora o algoritmo também considere a relevância de publicações mais antigas que ainda estejam gerando engajamento.

4. Relacionamento

Publicações de amigos, familiares e páginas com as quais o usuário interage frequentemente tendem a ser favorecidas.

Implicações para Criadores de Conteúdo

Entender esses fatores ajuda a ajustar estratégias de publicação para maximizar o alcance e o engajamento. Algumas boas práticas incluem:

•**Focar na Qualidade**: Publicações devem ser relevantes e atrativas para seu público.

•**Promover Conversas**: Estimule comentários e reações com perguntas ou chamadas para a ação.

•**Utilizar Vídeos**: Invista em vídeos curtos, informativos e de alta qualidade.

•**Publicar Consistentemente**: Mantenha um cronograma regular para manter a audiência engajada.

Mudanças Recentes e Tendências

Em 2023, o Facebook deu ainda mais ênfase ao conteúdo de "Reels" (vídeos curtos e dinâmicos), competindo diretamente com o TikTok. Esses vídeos têm priorização no algoritmo, sendo uma oportunidade valiosa para criadores e empresas.

Além disso, o foco na transparência aumentou, com usuários tendo mais opções para personalizar seus feeds e fornecer feedback sobre conteúdo.

Monitoramento e Ajustes

A composição do algoritmo está em constante evolução. Portanto, é essencial monitorar regularmente os indicadores de desempenho (KPIs), como:

- Alcance orgânico

- Taxa de engajamento

- Tempo de visualização de vídeos

Conclusão

Compreender o algoritmo do Facebook não significa "enganá-lo", mas sim trabalhar alinhado a seus objetivos: oferecer aos usuários uma experiência personalizada e relevante. Criadores de conteúdo que se adaptam a essas dinâmicas podem garantir não apenas alcance, mas também conexões significativas com suas audiências.

3. Criação de um Perfil Profissional Atraente

O Facebook continua a ser uma plataforma poderosa para conexões profissionais, promoção de negócios e fortalecimento de marcas pessoais. Um perfil bem elaborado pode ser a diferença entre atrair oportunidades valiosas e passar despercebido. Neste capítulo, exploraremos, passo a passo, como criar um perfil profissional que se destaque no Facebook.

1. Defina seu Objetivo no Facebook

Antes de iniciar a criação ou otimização do seu perfil, é crucial compreender por que você está na plataforma. Você deseja:

•Divulgar sua marca pessoal?

•Aumentar as vendas do seu negócio?

•Estabelecer-se como uma autoridade em seu nicho?

•Conectar-se com potenciais parceiros ou clientes?

Definir seu objetivo orientará as escolhas que você fará em relação ao conteúdo e à apresentação do seu perfil.

2. Escolha uma Foto de Perfil Profissional

Sua foto de perfil é o primeiro elemento visual que as pessoas veem. Certifique-se de que ela reflita sua imagem profissional:

•**Alta Qualidade**: Use uma imagem nítida e bem iluminada.

•**Rosto Visível**: Seu rosto deve estar claramente visível. Evite fotos com óculos de sol ou com muita distração no fundo.

•**Contexto Adequado**: Se você representa uma marca pessoal, use uma foto que comunique profissionalismo. Para negócios, considere usar o logotipo da empresa.

3. Personalize a Foto de Capa

A foto de capa é uma excelente oportunidade para transmitir sua mensagem ou destacar sua área de atuação. Algumas ideias incluem:

•Uma imagem que represente seu nicho ou setor.

•Uma foto de sua equipe em ação, se você gerencia um negócio.

•Uma frase ou lema que resuma sua missão profissional.

•Anúncios de eventos ou serviços, atualizando conforme necessário.

Certifique-se de que o design seja limpo e que as dimensões estejam otimizadas para o Facebook (851 x 315 pixels).

4. Complemente Suas Informações de Perfil

Informar claramente quem você é e o que faz é essencial para atrair o público certo. Preencha as seções do perfil de forma estratégica:

•**Nome**: Use seu nome verdadeiro ou o nome da sua marca.

•**Biografia (Sobre)**: Descreva brevemente o que você faz, para quem e por quê. Seja objetivo e atraente.

•**Hábito de Localização**: Inclua a cidade onde você atua, se relevante para o seu negócio.

•**Links Importantes**: Adicione links para seu site, loja online ou outros perfis sociais.

•**Detalhes de Contato**: Garanta que é fácil para as pessoas entrarem em contato com você.

5. Publique Conteúdo Relevante e Consistente

O conteúdo que você compartilha é fundamental para construir autoridade e engajamento:

•**Escolha Seus Temas**: Identifique de 3 a 5 temas relacionados ao seu nicho para se manter consistente. Exemplo: dicas de negócios, histórias de sucesso, produtos ou serviços.

•**Intercale Formatos**: Combine textos, imagens, vídeos e transmissões ao vivo para manter o público interessado.

•**Frequência de Postagens**: Publique regularmente, mas mantenha a qualidade. De 3 a 5 postagens semanais são suficientes para a maioria dos casos.

•**Interaja com o Público**: Responda comentários, mensagens e participe de discussões relevantes.

---

6. Configure a Privacidade de Forma Estratégica

Nem todo conteúdo deve ser público. Ajuste suas configurações de privacidade para balancear aspectos profissionais e pessoais:

•**Postagens Públicas**: Reserve para conteúdo profissional ou promocional.

•**Postagens Privadas**: Fotos de família ou informações pessoais devem estar visíveis apenas para amigos confiáveis.

•**Revisão de Marcações**: Ative a revisão de marcações para evitar associações indesejadas.

7. Participe de Grupos Relacionados ao Seu Nicho

Os grupos no Facebook são uma mina de ouro para networking e aprendizado:

•**Identifique Grupos Relevantes**: Pesquise grupos voltados para sua área de atuação ou interesses profissionais.

•**Interaja Ativamente**: Responda perguntas, compartilhe insights e seja útil.

•**Evite Spam**: Contribua com valor antes de promover seus produtos ou serviços.

8. Utilize o Recurso de Histórias

As histórias são uma forma rápida e envolvente de se conectar com o público:

•**Destaque Bastidores**: Mostre o lado humano do seu trabalho.

•**Promova Ofertas**: Crie urgência com promoções de tempo limitado.

•**Inclua Chamadas para Ação (CTA)**: Incentive cliques em links ou mensagens diretas.

9. Analise e Ajuste Seu Perfil Regularmente

Revisitar e ajustar seu perfil é essencial para mantê-lo relevante:

•**Analise as Estatísticas**: Use as ferramentas de análise do Facebook para medir o alcance e o engajamento.

•**Atualize Fotos e Informações**: Certifique-se de que tudo esteja atualizado, incluindo links e descrições.

•**Teste Novos Conteúdos**: Experimente diferentes tipos de postagens para ver o que funciona melhor.

Criar um perfil profissional atraente no Facebook não é apenas uma questão de estética, mas também de estratégia e autenticidade. Ao seguir estas orientações, você estará posicionado para atrair oportunidades, fortalecer conexões e maximizar o potencial desta plataforma.

4. A Importância de uma Página Empresarial Bem Estruturada

Nos dias atuais, o Facebook continua sendo uma das plataformas sociais mais relevantes para empresas que desejam se conectar com seus clientes, aumentar sua visibilidade e impulsionar vendas. Com mais de 2 bilhões de usuários ativos mensais, ele representa um terreno fértil para empresas de todos os tamanhos alcançarem públicos diversificados. No entanto, o sucesso no Facebook não é garantido apenas por marcar presença; é crucial que sua página empresarial seja bem estruturada. Vamos explorar os elementos que tornam uma página empresarial eficaz e os motivos pelos quais ela é tão essencial para o sucesso de um negócio.

Construindo Credibilidade e Profissionalismo

Uma página empresarial bem estruturada transmite imediatamente uma imagem de profissionalismo e confiabilidade. Quando um usuário acessa a página da sua empresa, as primeiras impressões são formadas com base em fatores como:

1. **Foto de Perfil e Capa:** Uma imagem de perfil clara e de alta qualidade, geralmente o logotipo da empresa, e uma capa atrativa que represente seus serviços ou valores criam um impacto visual positivo.

2. **Seção "Sobre":** Esta seção deve incluir informações precisas e relevantes, como a história da empresa, sua missão, visão e valores. Detalhes como localização, horário de funcionamento e contatos também devem estar sempre atualizados.

Uma página bem cuidada reflete que a empresa leva sua presença digital a sério, gerando confiança nos potenciais clientes.

Otimização para Descoberta e Engajamento

O Facebook oferece diversas ferramentas para aumentar a visibilidade da sua página e facilitar a interação com os seguidores. Uma página bem estruturada aproveita ao máximo esses recursos:

1. **Palavras-Chave e SEO:** A descrição da página e as postagens devem incluir palavras-chave relacionadas ao setor da empresa, ajudando a página a aparecer nos resultados de busca tanto dentro quanto fora do Facebook.

2. **CTA (Call to Action):** Botões como "Ligue Agora", "Envie uma Mensagem" ou "Compre Agora" direcionam os usuários para a ação desejada, tornando a experiência mais fluida e engajadora.

3. **Postagens Consistentes e Relevantes:** Um calendário de conteúdo regular, com posts que educam, entretêm ou informam o público, aumenta as chances de engajamento. Vídeos, transmissões ao vivo e imagens também geram maior alcance orgânico.

Coleta de Dados e Personalização de Estratégias

Uma página empresarial bem estruturada no Facebook também funciona como uma ferramenta de coleta de dados. A seção de insights da página oferece informações valiosas sobre:

1. **Perfil do Público:** Dados demográficos, como idade, gênero e localização, ajudam a entender melhor quem são seus clientes e como alcançá-los.

2. **Performance de Conteúdo:** Saber quais posts têm melhor desempenho permite ajustar a estratégia para criar conteúdos mais eficazes.

3. **Engajamento:** Métricas como curtidas, compartilhamentos e comentários oferecem um termômetro da interação com o público.

Com essas informações, é possível personalizar campanhas de marketing, criar promoções direcionadas e melhorar continuamente a experiência do cliente.

Atendimento ao Cliente

O Facebook permite que as empresas ofereçam um atendimento ao cliente rápido e eficiente. Uma página bem estruturada deve incluir:

1. **Respostas Automatizadas:** Configurar mensagens automáticas para perguntas frequentes ou saudações iniciais demonstra prontidão.

2. **Monitoramento de Mensagens:** Responder prontamente às mensagens mostra que a empresa valoriza seus clientes.

3. **Avaliações e Feedbacks:** Permitir e gerenciar avaliações dos usuários constrói reputação e oferece oportunidades para melhorar serviços.

Integração com Outras Estratégias de Marketing

Uma página empresarial no Facebook não deve funcionar isoladamente, mas como parte de uma estratégia maior. Ela pode ser integrada com:

1. **Site da Empresa:** Links diretos para o site ajudam a direcionar tráfego e aumentar as conversões.

2. **Outras Redes Sociais:** Uma presença consistente em múltiplas plataformas fortalece a marca.

3. **Campanhas de Anúncios:** O Facebook Ads permite segmentar públicos específicos, aumentando o alcance da página.

Conclusão

Uma página empresarial bem estruturada no Facebook não é apenas uma vitrine digital; é uma ferramenta essencial para construir relacionamentos, aumentar a visibilidade da marca e impulsionar vendas. Empresas que investem tempo e esforço para criar uma página atrativa, informativa e funcional colhem os frutos de um maior engajamento e lealdade do cliente. Portanto, não subestime o impacto de uma página bem planejada – ela pode ser o diferencial que coloca sua empresa à frente no mercado competitivo.

5. Grupos no Facebook:

Comunidades que Convertem

Os grupos no Facebook são uma das ferramentas mais poderosas para criar comunidades engajadas e, ao mesmo tempo, potencializar vendas e conversões. Diferentemente de páginas ou perfis, os grupos promovem um senso de exclusividade e pertencimento, o que resulta em um público mais receptivo e comprometido com a proposta apresentada. Este capítulo explora, de forma detalhada, como aproveitar os grupos no Facebook para criar comunidades que convertem.

Por que investir em grupos no Facebook?

Os grupos no Facebook têm crescido exponencialmente em termos de relevância. Com o foco da plataforma em interações significativas, eles recebem prioridade no algoritmo, aumentando sua visibilidade no feed dos usuários. Algumas das vantagens incluem:

•**Alcance orgânico elevado**: Ao contrário das páginas, que dependem cada vez mais de anúncios pagos para alcançar seu público, os grupos oferecem um meio orgânico de engajamento.

•**Interação em tempo real**: Eles permitem interações diretas, facilitando a comunicação entre membros e administradores.

•**Senso de comunidade**: Um grupo bem administrado pode criar um senso de exclusividade, incentivando a lealdade à marca.

Passos para criar e gerenciar um grupo de sucesso

1. Defina o objetivo do grupo

Antes de criar um grupo, é crucial entender qual será sua finalidade. Pergunte-se:

•Você deseja educar sua audiência sobre um tema específico?

•O foco será em suporte pós-venda?

•É uma forma de construir autoridade em um nicho?

•Você planeja usar o grupo como um funil para vendas?

Grupos com objetivos claros atraem membros mais alinhados e se tornam mais engajados.

2. Escolha o tipo de grupo

O Facebook permite criar três tipos principais de grupos:

•**Público**: Ideal para atrair uma audiência ampla e aumentar a visibilidade da sua marca.

•**Privado (visível)**: Recomendado para criar um senso de exclusividade, mas permitindo que o grupo seja encontrado na busca.

•**Privado (oculto)**: Perfeito para comunidades exclusivas, como grupos pagos ou de membros VIP.

3. Crie regras claras

As regras do grupo são fundamentais para manter a ordem e a relevância do conteúdo compartilhado. Elas podem incluir:

•Proibição de spam.

•Respeito aos outros membros.

•Publicação somente de conteúdo relevante ao tema do grupo.

4. Otimize a descrição e as configurações

Certifique-se de que a descrição do grupo seja clara e contenha palavras-chave relevantes. Isso aumenta as chances de ser encontrado por pessoas interessadas no tema.

5. Produza conteúdo de valor

Postagens regulares que educam, inspiram ou entretêm são essenciais para manter o engajamento dos membros. Alguns exemplos incluem:

- Lives com especialistas.

- Enquetes interativas.

- Publicações motivacionais ou curiosidades sobre o nicho.

6. Modere ativamente

O sucesso de um grupo depende de uma moderação eficiente. Administre discussões, resolva conflitos e remova membros que não respeitam as regras.

Transformando membros em clientes

Embora criar uma comunidade seja valioso por si só, os grupos no Facebook também podem ser um funil de vendas altamente eficaz. Aqui estão algumas estratégias:

1. Ofereça produtos exclusivos

Utilize o grupo para oferecer produtos ou serviços que só estão disponíveis para membros. Isso cria um senso de urgência e exclusividade.

2. Conduza pesquisas

Aproveite a audiência do grupo para entender suas necessidades e dores. As informações obtidas podem guiar o desenvolvimento de produtos ou campanhas personalizadas.

3. Promova desafios e eventos

Desafios são uma forma incrível de engajar o público enquanto promovem sua marca. Por exemplo, em um grupo de fitness, você pode organizar um desafio de 30 dias e incluir ofertas específicas para participantes.

4. Depoimentos e provas sociais

Estimule membros a compartilharem suas experiências com seus produtos ou serviços. Depoimentos autênticos geram confiança e aumentam as chances de conversão.

Estudo de caso: Grupo de Sucesso

Um exemplo de grupo bem-sucedido é o "Fãs de Receitas Saudáveis", criado por uma loja online de alimentos naturais. Com mais de 50 mil membros, o grupo não só oferece dicas e receitas como também promove os produtos da loja de forma natural. Alguns fatores que contribuíram para o sucesso:

- Postagens diárias com receitas.

- Lives semanais com nutricionistas.

- Descontos exclusivos para membros.

- Um senso de comunidade forte, onde membros ajudam uns aos outros com dúvidas.

Métricas para mensurar o sucesso

Para garantir que o grupo esteja convertendo de forma eficaz, acompanhe as seguintes métricas:

- **Engajamento**: Curtidas, comentários e compartilhamentos indicam a qualidade das interações.

- **Crescimento**: O aumento no número de membros deve ser constante e alinhado ao público-alvo.

- **Taxa de conversão**: Quantos membros se tornam clientes ou completam ações desejadas.

Os grupos no Facebook, quando bem gerenciados, podem ser o alicerce de uma estratégia de marketing poderosa, transformando comunidades em verdadeiros canais de conversão e engajamento.

6. Segmentação de Público-Alvo

A segmentação de público-alvo é um dos pilares fundamentais para o sucesso de campanhas publicitárias no Facebook. Com mais de 2 bilhões de usuários ativos, a plataforma oferece ferramentas incrivelmente detalhadas para que anunciantes alcancem exatamente as pessoas que estão interessadas em seus produtos ou serviços. Este capítulo explora os recursos disponíveis, as melhores práticas e estratégias eficazes para uma segmentação precisa.

1. Compreendendo o Público-Alvo

Antes de criar uma campanha, é essencial conhecer profundamente o público que você deseja atingir. Pergunte-se:

•**Quem são eles?** (gênero, faixa etária, localização)

•**Quais são seus interesses e comportamentos?** (hobbies, atividades, preferências)

- **Quais problemas ou necessidades eles têm?**

- **Como o produto ou serviço resolve esses problemas?**

A partir dessas respostas, é possível construir um perfil detalhado que guiará toda a estratégia.

2. Recursos de Segmentação Disponíveis

O Facebook oferece vários tipos de segmentação que permitem refinar sua audiência:

2.1. Segmentação Demográfica

Permite filtrar o público com base em:

- Idade

- Gênero

- Estado civil

- Formação acadêmica

- Situação profissional

2.2. Segmentação por Interesses

Baseia-se em dados coletados do comportamento do usuário na plataforma, como:

- Páginas curtidas

•Interações com conteúdo

•Grupos de que participam

Por exemplo, se você está promovendo um produto de fitness, pode segmentar pessoas com interesses em "academia", "saúde" e "nutrição".

2.3. Segmentação Geográfica

Permite escolher localizações específicas:

•Países, estados, cidades ou bairros

•Raio de alcance em torno de um endereço

Ideal para negócios locais que desejam atingir consumidores próximos.

2.4. Comportamento do Usuário

Baseia-se em atividades realizadas tanto dentro quanto fora do Facebook, como:

•Compras recentes

•Uso de dispositivos (smartphones, tablets)

•Viagens realizadas

2.5. Audiência Personalizada

Permite carregar uma lista de contatos (e-mails ou telefones) para encontrar correspondências no Facebook. É útil para:

•Retargeting (alcançar pessoas que já interagiram com sua marca)

•Reconquistar clientes antigos

2.6. Audiência Semelhante (Lookalike)

Baseia-se em uma audiência personalizada e encontra pessoas semelhantes a ela. É excelente para expandir o alcance mantendo a relevância.

3. Melhorando a Eficiência com Testes A/B

A segmentação é um processo dinâmico, e testes são cruciais para otimizá-la. Utilize testes A/B para comparar variáveis como:

•Diferentes perfis demográficos

•Interesses e comportamentos

•Localizações geográficas

Analise os resultados e ajuste sua segmentação com base nos dados obtidos.

4. Erros Comuns na Segmentação

4.1. Segmentação Muito Restrita

Um público muito pequeno pode limitar o alcance da campanha e aumentar os custos por cliques ou conversões.

4.2. Segmentação Muito Ampla

Tentar atingir "todo mundo" reduz a relevância e pode gerar desperdício de recursos.

4.3. Não Revisar Dados da Campanha

Negligenciar análises pode levar a campanhas ineficazes. Revise constantemente o desempenho.

5. Ferramentas Auxiliares para Análise e Planejamento

O Facebook fornece diversas ferramentas que ajudam na segmentação:

• **Audience Insights**: oferece informações detalhadas sobre os usuários.

• **Facebook Pixel**: rastreia ações fora da plataforma para criar audiências personalizadas.

•**Gerenciador de Anúncios**: analisa o desempenho das campanhas em tempo real.

6. Estratégias Avançadas de Segmentação

6.1. Segmentação Baseada em Estágio no Funil de Vendas

Divida seu público conforme a etapa em que se encontram:

•**Topo do funil**: foco em conscientização e atração.

•**Meio do funil**: engajamento e consideração.

•**Fundo do funil**: conversão e fidelização.

6.2. Utilização de Eventos e Ocasiões Específicas

Crie campanhas direcionadas para datas comemorativas, estações do ano ou eventos locais que impactem seu público-alvo.

6.3. Cross-Selling e Upselling

Segmentar pessoas que já são clientes para oferecer produtos ou serviços complementares ou de maior valor agregado.

7. Monitoramento e Ajustes Contínuos

A segmentação é um processo iterativo. Monitorar o desempenho regularmente e ajustar sua estratégia com base nos dados é essencial para o sucesso. Utilize métricas como:

- Taxa de cliques (CTR)

- Custo por clique (CPC)

- Retorno sobre investimento publicitário (ROAS)

Conclusão

Uma segmentação bem planejada é a chave para campanhas mais eficazes, aumentando a relevância, otimizando custos e maximizando resultados. Ao utilizar os recursos do Facebook de forma estratégica e realizar ajustes constantes, é possível transformar sua presença na plataforma em um poderoso instrumento de vendas e crescimento.

7. Marketing de Conteúdo: O Poder de Postagens Impactantes

O Facebook continua sendo uma das plataformas mais poderosas para o marketing de conteúdo, mesmo em um cenário digital em constante mudança. Com mais de dois bilhões de usuários ativos mensais, a plataforma oferece um alcance impressionante para empresas de todos os tamanhos. No entanto, para se destacar em um feed tão competitivo, é essencial criar postagens impactantes que gerem engajamento, aumentem o alcance orgânico e promovam conversões.

O Papel do Facebook no Marketing de Conteúdo

O Facebook não é apenas uma rede social; é um ecossistema complexo que conecta pessoas, marcas e ideias. Sua capacidade de segmentar audiências com precisão é uma das principais razões para seu sucesso no marketing de conteúdo. Desde postagens de blog até vídeos, o Facebook permite que as marcas compartilhem histórias envolventes com os públicos certos.

Características de uma Postagem Impactante

Para que uma postagem tenha impacto no Facebook, ela precisa combinar três elementos fundamentais:

1.   **Conteúdo Relevante:**

o   O conteúdo deve ser útil, informativo ou inspirador para o público-alvo.

o   Utilize dados atualizados e insights para criar materiais que resolvam problemas ou atendam às necessidades da audiência.

2.   **Apelo Visual:**

o   Imagens de alta qualidade, gráficos atraentes e vídeos curtos são essenciais para capturar a atenção no feed.

o   Experimente formatos como carrosséis ou stories para diversificar sua abordagem.

3.   **Call to Action (CTA) Claro:**

o   Uma postagem impactante sempre incentiva o usuário a tomar uma ação, seja comentando, compartilhando ou clicando em um link.

o   Use CTAs como "Saiba Mais", "Comente sua opinião" ou "Baixe agora".

Como Criar Postagens Impactantes

1.   **Conheça sua Audiência**

o   Pesquise os interesses, dores e preferências do seu público.

o   Use ferramentas como Facebook Insights para entender melhor o comportamento da audiência.

2.   **Escolha o Formato Adequado**

o   **Imagens**: Ideais para mensagens simples e visuais.

o   **Vídeos**: Perfeitos para storytelling e demonstração de produtos.

o   **Carrosséis**: Excelentes para apresentar várias ofertas ou contar uma história em etapas.

3.   **Crie Títulos Atrativos**

o   Um bom título é essencial para atrair cliques.

o   Use números, perguntas ou declarações provocativas para chamar a atenção.

4.   **Aposte em Emoções**

o   Conteúdo emocional tem maior chance de ser compartilhado.

o   Histórias autênticas ou causas sociais tendem a gerar mais engajamento.

5.   **Monitore e Otimize**

o   Analise o desempenho de suas postagens usando o Facebook Analytics.

o   Ajuste sua estratégia com base no que funciona melhor.

Erros Comuns a Evitar

•**Excesso de Texto nas Imagens**: O Facebook penaliza imagens com muito texto no algoritmo de entrega.

•**Postagens Sem Contexto**: Nunca presuma que a audiência entende automaticamente sua mensagem.

•**Negligenciar Comentários**: Responder aos comentários é crucial para manter o engajamento.

Estudos de Caso

1.   **Campanha de Lançamento de Produto**

o   Uma marca de eletrônicos usou vídeos curtos para destacar as funcionalidades de um novo smartphone.

o   Resultado: Aumento de 40% nas visitas ao site.

2.   **Conteúdo Educacional**

o   Uma empresa de software compartilhou dicas semanais em carrosséis sobre produtividade no trabalho.

o   Resultado: Crescimento de 30% no número de seguidores em três meses.

Conclusão

O poder das postagens impactantes no Facebook está em sua capacidade de conectar marcas a públicos de forma significativa. Com a combinação certa de estratégia, criatividade e análise, é possível transformar a plataforma em uma ferramenta indispensável para o sucesso do marketing de conteúdo. Invista em postagens relevantes e envolventes, e veja seu engajamento crescer de forma sustentável.

8. Uso de Vídeos e Transmissões ao Vivo para Vendas

O Facebook tem se consolidado como uma das plataformas mais eficientes para a promoção e venda de produtos, especialmente por meio de vídeos e transmissões ao vivo. A combinação entre alcance orgânico e interatividade em tempo real torna esses recursos ferramentas indispensáveis para empreendedores que desejam alavancar suas vendas. Neste capítulo, exploraremos como aproveitar ao máximo o potencial dos vídeos e transmissões ao vivo no Facebook.

A Importância do Formato de Vídeo

Estudos mostram que o vídeo é o formato de conteúdo mais consumido na internet. No Facebook, ele não apenas gera maior engajamento, mas também tem maior chance de ser compartilhado, alcançando uma audiência ainda maior. O algoritmo da plataforma favorece vídeos, dando-lhes prioridade no feed de notícias.

Vantagens dos Vídeos para Vendas

•**Demonstração Visual**: O vídeo permite que o produto seja apresentado em detalhes, destacando suas funcionalidades e benefícios.

•**Criação de Confiança**: Ver um produto em ação ou ser apresentado por um rosto humano gera mais confiança do que imagens estáticas.

•**Acessibilidade**: Com legendas, vídeos podem atingir audiências com diferentes necessidades, como pessoas que assistem sem áudio.

Tipos de Vídeos para Vendas no Facebook

1.   **Demonstrativos**: Mostre como o produto é usado e os resultados que ele proporciona.

2.   **Depoimentos de Clientes**: Construa credibilidade com relatos reais.

3. **Conteúdo Educativo**: Crie tutoriais que envolvam o público e apresentem soluções para seus problemas usando seu produto.

4. **Anúncios Curta-Duração**: Foco em uma mensagem impactante e chamada para a ação clara.

Planejamento de Vídeos

Para garantir o sucesso dos vídeos, um bom planejamento é essencial:

1. **Defina um Objetivo Claro**: Cada vídeo deve ter um propósito – aumentar as vendas, engajar a audiência ou educar o público.

2. **Conheça seu Público-Alvo**: Entenda os interesses e dores da sua audiência para criar conteúdo relevante.

3. **Invista na Qualidade**: Embora a produção caseira funcione para transmissões ao vivo, vídeos editados devem ter boa iluminação, som claro e enquadramento adequado.

Transmissões ao Vivo: O Poder da Interatividade

O Facebook Live é uma ferramenta poderosa para conectar-se com a audiência em tempo real. Essa interação direta aumenta a credibilidade da marca e pode impulsionar as vendas de maneira significativa.

Benefícios do Facebook Live

•Alcance Orgânico Maior: Lives tendem a aparecer mais nos feeds de notícias.

•Engajamento em Tempo Real: Permite responder a perguntas e lidar com objeções instantaneamente.

•Gera Urgência: Ofertas exclusivas durante a live podem estimular compras imediatas.

Estruturando uma Transmissão ao Vivo

1. **Planejamento**: Escolha um tema relevante e pré-divulgue a live para atrair expectadores.

2. **Equipamento Adequado**: Um smartphone com boa câmera e microfone é suficiente, mas evite ruídos e cenários desorganizados.

3. **Envolvimento da Audiência**: Incentive comentários, curtidas e perguntas.

4. **Chamada para Ação**: Indique como os expectadores podem adquirir o produto ou serviço.

5. **Análise**: Use as métricas do Facebook para entender o que funcionou e ajustar futuras transmissões.

Exemplos de Sucesso

Empresas de todos os tamanhos têm utilizado vídeos e lives no Facebook para alavancar suas vendas. Um exemplo comum é o de pequenos comércios que promovem produtos durante transmissões ao vivo, oferecendo descontos exclusivos e criando um senso de comunidade entre os clientes.

Outro caso é o de marcas maiores que utilizam campanhas em vídeo para criar histórias emocionantes em torno de seus produtos, conectando-se profundamente com seus consumidores.

Dicas Práticas para Sucesso

•**Invista em Anúncios**: Amplie o alcance de seus vídeos com estratégias de anúncio bem segmentadas.

•**Seja Consistente**: Publique vídeos e faça transmissões ao vivo regularmente para manter sua audiência engajada.

•**Teste e Aprenda**: Varie o formato, duração e estilo dos vídeos para entender o que melhor ressoa com sua audiência.

Considerações Finais

O uso de vídeos e transmissões ao vivo no Facebook representa uma oportunidade única de fortalecer sua presença online, construir relações mais próximas com seus clientes e impulsionar suas vendas. Ao dominar essas ferramentas, você estará um passo à frente na utilização das mídias sociais para o sucesso do seu negócio.

9. Campanhas de Anúncios: Como Criar e Otimizar

O Facebook é uma das plataformas mais eficazes para campanhas de anúncios online devido ao seu grande alcance e às ferramentas robustas de segmentação. Neste capítulo, exploraremos os passos detalhados para criar uma campanha de anúncios de sucesso e como otimizá-la para maximizar os resultados.

1. Definindo Objetivos Claros

Antes de criar uma campanha, é essencial ter clareza sobre o que você deseja atingir. O Facebook oferece uma variedade de objetivos, como:

•**Reconhecimento da marca**: Ideal para aumentar a visibilidade do seu negócio.

•**Tráfego**: Direciona usuários para seu site ou landing page.

•**Geração de leads**: Captura informações de clientes potenciais.

•**Conversões**: Incentiva vendas ou ações específicas no site.

Escolher o objetivo correto é fundamental para configurar a campanha adequadamente e medir os resultados de forma eficiente.

2. Configurando sua Campanha no Gerenciador de Anúncios

O Gerenciador de Anúncios é o coração da publicidade no Facebook. Aqui estão os passos para configurar sua campanha:

a) Escolha o Tipo de Campanha

Ao iniciar, selecione o tipo de campanha baseado no objetivo definido. Por exemplo:

•Para aumentar vendas, escolha "Conversões".

•Para capturar e-mails, escolha "Geração de Leads".

b) Defina o Orçamento

Decida entre:

•**Orçamento total**: Quantia fixa para toda a duração da campanha.

•**Orçamento diário**: Quantia gasta diariamente.

Configure um orçamento inicial baseado na capacidade financeira e ajuste conforme os resultados forem obtidos.

c) Escolha sua Audiência

A segmentação é uma das principais forças do Facebook. Você pode segmentar por:

•**Demografia**: Idade, gênero, localização.

•**Interesses**: Comportamentos, hobbies e páginas que seguem.

•**Públicos Personalizados**: Usuários que visitaram seu site, abriram e-mails ou compraram no passado.

•**Públicos Semelhantes**: Pessoas com características similares ao seu público personalizado.

d) Selecione os Posicionamentos

Escolha onde seus anúncios aparecerão:

- Feed do Facebook

- Stories

- Instagram (se vinculado)

- Audience Network (parceiros do Facebook)

- Messenger

O Facebook oferece a opção de posicionamento automático, que é recomendada para iniciantes.

3. Criando Anúncios Atrativos

A qualidade criativa do seu anúncio impacta diretamente no desempenho. Aqui estão as melhores práticas:

a) Escolha o Formato do Anúncio

- **Imagem única**: Simples e eficaz.

- **Carrossel**: Mostra várias imagens ou vídeos em um único anúncio.

- **Vídeo**: Gera alto engajamento.

- **Coleção**: Ideal para e-commerce, apresenta vários produtos.

b) Escreva um Texto Persuasivo

O texto deve ser claro, objetivo e focado no benefício para o usuário. Inclua:

•Um **gancho** inicial forte.

•Benefícios claros.

•Uma **CTA** (Chamada para a Ação) direta, como "Compre agora" ou "Saiba mais".

c) Imagens e Vídeos de Alta Qualidade

•Use imagens nítidas e que chamem atenção.

•Mantenha o texto nas imagens em menos de 20% para evitar penalizações no alcance.

•Nos vídeos, inclua legendas, pois muitos usuários assistem sem som.

4. Otimização de Campanhas

Uma vez que a campanha está ativa, o trabalho não para. A otimização constante é essencial para melhorar o ROI (Retorno sobre Investimento).

a) Acompanhe as Métricas

No Gerenciador de Anúncios, monitore:

•**CTR (Taxa de Cliques)**: Mede a eficiência do criativo.

•**CPC (Custo por Clique)**: Avalia o custo da interação.

•**CPA (Custo por Aquisição)**: Mede o custo para atingir o objetivo.

•**Taxa de Conversão**: Verifica se os cliques estão resultando em vendas ou leads.

b) Teste A/B

Teste diferentes variações de:

•Títulos

•Textos

•Imagens

•Posicionamentos

Escolha as opções com melhor desempenho e amplifique o investimento nelas.

c) Ajuste a Segmentação

Se uma audiência não está convertendo bem, experimente:

•Restringir ou ampliar a faixa etária.

•Alterar localização geográfica.

•Atualizar interesses e comportamentos.

d) Renove os Criativos Regularmente

O público pode se "cansar" de ver o mesmo anúncio repetidamente, reduzindo o engajamento. Atualize regularmente suas imagens, vídeos e mensagens.

5. Dicas Avançadas para Otimização

•**Use o Pixel do Facebook**: Uma ferramenta essencial para rastrear conversões e criar públicos personalizados.

•**Campanhas de Retargeting**: Alvo específico para pessoas que visitaram seu site, mas não converteram.

•**Automatização**: Use regras automáticas para pausar anúncios de baixo desempenho ou aumentar o orçamento de campanhas que estão funcionando bem.

6. Análise e Relatórios

A análise é o passo final para garantir que os resultados estejam alinhados aos seus objetivos.

a) Gere Relatórios Detalhados

Use as ferramentas do Gerenciador de Anúncios para criar relatórios que incluam:

- Alcance total
- Engajamento
- Retorno sobre o investimento (ROI)

b) Identifique Tendências

Analise os dados para identificar o que funcionou bem e onde está a oportunidade de melhoria.

Ao seguir esses passos, você estará mais preparado para criar campanhas de anúncios eficazes no Facebook, maximizando o impacto e o retorno financeiro. A chave é experimentar, monitorar e ajustar constantemente para encontrar a melhor combinação de criativos, audiências e formatos.

10 Remarketing no Facebook:

Reengajando Clientes Potenciais

O remarketing é uma das estratégias mais poderosas para maximizar o retorno sobre o investimento em publicidade digital. No Facebook, essa técnica permite que você volte a engajar com pessoas que já demonstraram interesse em sua marca, produto ou serviço, mas que ainda não concluíram uma conversão. A plataforma oferece ferramentas robustas e personalizáveis que ajudam empresas a criar campanhas altamente segmentadas e eficientes.

Este capítulo explorará as bases do remarketing no Facebook, as técnicas mais eficazes e como aproveitá-las para reengajar clientes potenciais.

A Importância do Remarketing

Muitas vezes, um usuário interage com uma marca diversas vezes antes de tomar uma decisão de compra. Estudos mostram que apenas uma pequena porcentagem dos visitantes de um site converte em sua primeira visita. O remarketing é a solução para superar essa realidade, mantendo sua marca em destaque e incentivando os consumidores a concluir suas compras.

Os benefícios incluem:

1.   **Aumento da Taxa de Conversão:** Alcançar pessoas que já demonstraram interesse tem maior probabilidade de resultar em vendas.

2.   **Fortalecimento da Marca:** Reforçar a presença da marca na mente do consumidor.

3.   **Melhor Uso do Orçamento:** Foco em um público altamente qualificado, reduzindo desperdícios.

Como o Remarketing no Facebook Funciona

O remarketing no Facebook baseia-se em dados coletados de diferentes fontes, como páginas visitadas em seu site, interações com postagens ou visualização de vídeos. Aqui estão os principais elementos:

1. Pixel do Facebook

O Pixel do Facebook é um código inserido em seu site para rastrear as ações dos visitantes. Ele coleta informações sobre:

•Páginas visualizadas

- Produtos adicionados ao carrinho

- Finalização de compras

Com essas informações, você pode criar audiências personalizadas para segmentar campanhas.

2. Audiências Personalizadas

No Gerenciador de Anúncios, é possível configurar diferentes tipos de audiências:

- **Baseadas em atividades do site:** Focados em visitantes que acessaram páginas específicas.

- **Interações nas redes sociais:** Pessoas que curtiram, comentaram ou compartilharam suas postagens.

- **Lista de clientes:** Upload de listas de e-mails ou telefones para direcionar campanhas a clientes existentes.

3. Dinâmica do Anúncio

O Facebook permite a criação de anúncios dinâmicos que mostram produtos ou serviços específicos com base no comportamento do usuário. Por exemplo, um cliente que adicionou um produto ao carrinho, mas não comprou, pode ver um anúncio incentivando a finalização da compra.

Estratégias Avançadas de Remarketing

Para potencializar seus resultados, você pode aplicar as seguintes técnicas:

1. Segmentação por Estágio no Funil de Vendas

Divida seu público com base em onde eles estão na jornada de compra:

•**Topo do funil:** Usuários que visitaram sua página inicial.

•**Meio do funil:** Pessoas que exploraram produtos ou serviços.

•**Fundo do funil:** Clientes que abandonaram o carrinho.

Anúncios específicos para cada segmento tendem a ser mais eficazes.

2. Ofertas e Incentivos

Reengajar clientes potenciais pode ser facilitado com incentivos, como:

•Cupons de desconto

•Frete grátis

•Ofertas por tempo limitado

3. Remarketing Cross-Channel

Integre suas campanhas de remarketing no Facebook com outras plataformas, como Instagram, para aumentar o alcance e reforçar a mensagem.

4. Testes A/B

Teste diferentes elementos de seus anúncios, incluindo:

•Criativos (imagens, vídeos)

•Mensagens

•Chamadas para a ação

Isso ajuda a identificar o que funciona melhor para o seu público.

Medindo o Sucesso do Remarketing

Monitorar os resultados é essencial para ajustar e melhorar suas campanhas. Utilize as métricas disponíveis no Facebook:

1.   **Taxa de Conversão:** Quantidade de usuários que realizaram a ação desejada.

2.   **Custo por Conversão:** Avalie a eficiência do seu orçamento.

3. **Engajamento:** Curtidas, comentários e compartilhamentos ajudam a entender o impacto.

4. **Retorno sobre Investimento Publicitário (ROAS):** Quanto você ganhou para cada dólar gasto.

Conclusão

O remarketing no Facebook é uma ferramenta poderosa para reengajar clientes potenciais e transformar intenções em conversões. Ao utilizar o Pixel do Facebook, criar audiências personalizadas e aplicar estratégias avançadas, você pode maximizar o impacto de suas campanhas.

Com medições regulares e otimizações constantes, é possível transformar o remarketing em uma parte essencial da sua estratégia de marketing digital. Reengaje, converta e construa relações mais fortes com seu público!

11. Facebook Insights: Como Ler e Usar os Dados

No ambiente digital competitivo atual, compreender as métricas e os dados disponíveis nas plataformas sociais é essencial para o sucesso das estratégias de marketing. O Facebook Insights é uma ferramenta poderosa que fornece informações detalhadas sobre o desempenho de sua página, ajudando a tomar decisões baseadas em dados para otimizar suas campanhas e engajamento com o público. Neste capítulo, exploraremos como ler e usar os dados do Facebook Insights de forma estratégica e eficiente.

1. Visão Geral do Facebook Insights

O Facebook Insights é uma ferramenta gratuita disponível para todos os administradores de páginas. Ele oferece uma análise detalhada sobre o desempenho de postagens, público, alcance, engajamento e muito mais. Esses dados podem ser encontrados na aba "Insights" no menu principal de uma página empresarial.

Os principais benefícios do Facebook Insights incluem:

•Identificar quais postagens têm melhor desempenho.

•Compreender as características demográficas do público.

•Avaliar o alcance orgânico e pago.

•Monitorar o crescimento de seguidores e curtidas.

Dica Prática: Familiarize-se com os diferentes painéis e relatórios oferecidos no Insights para obter uma visão completa da performance da página.

2. Principais Métricas Disponíveis

a. Alcance (Reach)

•**O que é:** O número de pessoas que viram seu conteúdo em um determinado período.

•**Por que importa:** Ele indica o tamanho da audiência impactada e é essencial para avaliar a visibilidade de suas postagens.

•**Como usar:** Compare o alcance orgânico com o pago para determinar a eficácia de campanhas patrocinadas.

b. Engajamento (Engagement)

•**O que é:** Inclui curtidas, comentários, compartilhamentos e cliques.

•Por que importa: Mostra como o público interage com seu conteúdo.

•Como usar: Identifique os tipos de conteúdo que geram mais interações para replicar esse sucesso em futuras postagens.

c. Curtidas e Seguidores (Likes & Followers)

•O que é: Mede o crescimento da base de seguidores da página.

•Por que importa: Um aumento constante indica que a página está atraindo e retendo interesse.

•Como usar: Monitore os picos de crescimento para correlacioná-los com campanhas ou estratégias específicas.

d. Cliques em Links

•O que é: O número de vezes que os usuários clicaram em links postados.

•Por que importa: Reflete a eficiência das postagens em direcionar tráfego para outros canais, como sites ou landing pages.

•Como usar: Analise quais links atraem mais cliques e otimize chamadas para ação (CTAs).

3. Como Interpretar os Dados

Interpretar os dados do Facebook Insights vai além de observar números. Trata-se de identificar padrões, tendências e oportunidades.

•**Identifique tendências:** Observe picos e quedas em engajamento ou alcance para ajustar estratégias.

•**Compare períodos:** Analise relatórios semanais, mensais ou anuais para avaliar o progresso.

•**Segmente o público:** Utilize os dados demográficos para personalizar o conteúdo de acordo com a audiência.

Exemplo: Se o engajamento é maior em determinados dias ou horários, agende postagens nesses períodos para maximizar o impacto.

4. Uso Prático dos Dados

a. Melhorando o Conteúdo

Com base no desempenho das postagens, identifique os formatos mais eficazes (texto, imagem, vídeo) e os temas que mais interessam ao seu público.

Exemplo: Um vídeo com alta taxa de engajamento pode indicar que a audiência prefere conteúdo visual dinâmico.

b. Ajustando Campanhas

Utilize os insights para ajustar campanhas publicitárias, como segmentação de público, orçamentos e formatos de anúncios.

Exemplo: Se os dados mostram que sua audiência principal é composta por mulheres de 25 a 34 anos, direcione mais recursos para alcançar esse grupo.

c. Planejamento Estratégico

Os dados podem informar o planejamento de longo prazo, ajudando a alinhar os objetivos da página com os interesses da audiência.

Exemplo: Uma alta no engajamento durante um evento pode indicar que coberturas ao vivo têm um impacto significativo e devem ser replicadas.

5. Exportação e Análise Avançada

O Facebook Insights permite exportar dados para análises mais detalhadas em ferramentas externas, como o Excel ou Google Sheets. Essa funcionalidade é útil para empresas que desejam realizar análises personalizadas ou apresentar relatórios mais elaborados.

Como exportar:

1.   Acesse a aba "Insights".

2.   Clique em "Exportar Dados" no canto superior direito.

3.   Escolha o tipo de dados e o intervalo de datas desejado.

Dica Prática: Use tabelas dinâmicas e gráficos para visualizar os dados exportados de maneira mais clara e intuitiva.

6. Boas Práticas para Análise de Dados

•**Estabeleça metas claras:** Tenha objetivos definidos para guiar sua análise (ex.: aumentar o engajamento em 20%).

•**Seja consistente:** Analise os dados regularmente para acompanhar o desempenho.

•**Teste e meça:** Experimente diferentes formatos e mensagens e use os insights para medir o impacto.

7. Conclusão

Dominar o Facebook Insights é essencial para qualquer profissional que deseja maximizar o impacto de suas estratégias de marketing na plataforma. Ao compreender e aplicar os dados fornecidos, é possível criar conteúdos mais relevantes, engajar a audiência de forma significativa e otimizar campanhas para melhores resultados. A chave está em transformar informações em ação.

12. Marketplace: Explorando o Potencial para Pequenos Negócios

O Marketplace do Facebook tem se tornado uma plataforma indispensável para pequenos negócios que desejam explorar o comércio online sem a necessidade de altos investimentos em tecnologia ou publicidade. Desde sua introdução, o Marketplace vem atraindo empreendedores com recursos limitados, permitindo-lhes conectar-se diretamente a consumidores em busca de produtos e serviços na mesma região. Este capítulo explora detalhadamente como pequenos negócios podem aproveitar essa ferramenta para alavancar suas vendas e construir uma presença online efetiva.

1. O que é o Facebook Marketplace?

O Facebook Marketplace é uma área dentro da plataforma que permite aos usuários comprar e vender produtos e serviços. Ele funciona como uma vitrine virtual, onde itens são categorizados e exibidos com base na localização e nas preferências do usuário. Para pequenos negócios, é uma oportunidade de atingir um público segmentado sem custos iniciais elevados.

Características Principais

•**Gratuito para Usar:** Nenhuma taxa de adesão ou mensalidade.

•**Segmentação Local:** Ideal para alcançar clientes na mesma cidade ou região.

•**Fácil Integração:** Negócios podem criar listagens rapidamente, utilizando fotos e descrições simples.

•**Comunicação Direta:** Os compradores entram em contato diretamente com os vendedores por meio do Messenger.

2. Benefícios para Pequenos Negócios

Acessibilidade Financeira

Para pequenos negócios, a maior vantagem do Marketplace é a ausência de custos iniciais significativos. Isso permite que empreendedores testem o mercado e validem suas ofertas antes de investir em plataformas mais robustas, como lojas virtuais personalizadas.

Alcanço Local e Personalizado

Ao priorizar listagens com base na localização do comprador, o Marketplace facilita a interação entre pequenos negócios e clientes locais. Isso não apenas reduz os custos logísticos, mas também cria uma sensação de proximidade e confiança.

Simplicidade de Uso

Empreendedores que não possuem conhecimento técnico ou experiência com ferramentas digitais podem usar o Marketplace sem dificuldade. A interface intuitiva permite que listagens sejam criadas em minutos, garantindo agilidade e acessibilidade.

3. Estratégias para Maximizar o Potencial do Marketplace

Embora o Marketplace seja uma ferramenta poderosa, é essencial adotar estratégias eficazes para destacar-se em meio à concorrência. Abaixo estão algumas técnicas importantes:

Otimização das Listagens

•**Fotos de Alta Qualidade:** Utilize imagens claras e atraentes que mostrem o produto de diferentes ângulos.

•**Descrições Detalhadas:** Inclua informações como tamanho, cor, material e condição do produto.

•**Preços Competitivos:** Pesquise a concorrência para definir um preço que seja atraente, mas também lucrativo.

Atendimento ao Cliente

Responda rápido às mensagens dos compradores e seja transparente sobre condições de entrega ou retirada. Um atendimento eficiente pode transformar compradores ocasionais em clientes fiéis.

Frequência de Postagens

Atualize regularmente suas listagens para que permaneçam visíveis e relevantes. O algoritmo do Marketplace favorece postagens recentes, aumentando a exposição do seu negócio.

Promoções e Ofertas

Crie promoções atrativas, como descontos por tempo limitado ou brindes, para estimular compras imediatas.

4. Desafios e Como Superá-los

Apesar dos benefícios, o uso do Marketplace também apresenta desafios. Compreender e superar essas dificuldades pode garantir o sucesso de pequenos negócios.

Concorrência Intensa

Com milhares de vendedores ativos, é fácil ser ofuscado pela concorrência. Invista em diferenciais, como atendimento de qualidade, produtos exclusivos ou embalagens personalizadas.

Gerenciamento de Tempo

Pequenos empreendedores frequentemente acumulam diversas funções. Use ferramentas de automação ou delegue tarefas para garantir um gerenciamento eficiente.

Segurança nas Transações

A falta de um sistema de pagamento integrado no Marketplace pode ser uma preocupação. Sempre finalize transações em locais públicos e ofereça opções seguras, como transferência bancária ou pagamentos digitais.

5. Casos de Sucesso

Empreendedores em diversos setores têm alcançado resultados expressivos no Marketplace. Desde artesãos que vendem peças únicas até pequenos varejistas que expandiram seus negócios, o Marketplace tem sido uma vitrine acessível e eficiente. Por exemplo:

•**Marca Local de Roupas:** Uma confecção local conseguiu aumentar suas vendas em 40% ao utilizar o Marketplace para vender diretamente a clientes de sua região.

•**Serviços de Manutenção:** Um pequeno negócio de reparos domiciliares expandiu sua base de clientes ao anunciar serviços específicos com promoções.

6. O Futuro do Marketplace

Com a evolução do e-commerce e a crescente demanda por experiências de compra locais e personalizadas, o Marketplace do Facebook continuará sendo uma ferramenta crucial para pequenos negócios. A inclusão de novos recursos, como integração com sistemas de pagamento e análises detalhadas, pode tornar a plataforma ainda mais atraente e eficiente.

Conclusão

O Facebook Marketplace oferece uma oportunidade única para pequenos negócios alcançarem novos mercados e conquistarem clientes com baixo custo. Com planejamento e estratégias adequadas, empreendedores podem transformar essa plataforma em um pilar essencial de suas operações, gerando crescimento sustentável e construindo uma marca reconhecida.

13. Estratégias para Promover Produtos Digitais

Promover produtos digitais no Facebook pode ser uma das formas mais eficazes de alavancar vendas e construir um público fiel, desde que as estratégias sejam bem planejadas e adaptadas ao comportamento dos usuários. Este capítulo explora as melhores práticas, ferramentas e abordagens para maximizar os resultados nessa plataforma.

1. Conheça o Seu Público-Alvo

Antes de criar qualquer campanha, é crucial compreender quem são os potenciais compradores do produto digital. Para isso:

•**Pesquise Demograficamente**: Use ferramentas como o Audience Insights do Meta para analisar dados de idade, localização, gênero e interesses dos usuários.

•**Crie Personas**: Elabore perfis detalhados que representem seus clientes ideais, incluindo seus problemas, desejos e comportamentos online.

•**Análise de Concorrentes**: Identifique como seus concorrentes estão promovendo produtos similares e descubra o que está funcionando para eles.

2. Desenvolva Conteúdo de Qualidade

O conteúdo é o coração de qualquer campanha de sucesso no Facebook. Invista tempo e recursos na criação de materiais que chamem a atenção e gerem engajamento.

- **Imagens e Vídeos**:

o   Use imagens de alta qualidade que transmitam a mensagem de forma clara.

o   Crie vídeos curtos e dinâmicos com legendas para facilitar o consumo, mesmo sem áudio.

o   Formatos populares incluem tutoriais, depoimentos e demonstrações do produto.

- **Posts de Valor**:

o   Forneça dicas ou soluções relacionadas ao produto digital.

o   Utilize copywriting persuasivo, destacando benefícios e soluções oferecidas.

- **Stories e Reels**:

o   Integre esses formatos para apresentar promoções rápidas, bastidores ou ofertas exclusivas.

3. Utilize o Gerenciador de Anúncios do Facebook

O Gerenciador de Anúncios é uma ferramenta poderosa para criar e monitorar campanhas de forma profissional. Seguem algumas dicas para aproveitar seu potencial:

- **Objetivos da Campanha**:

  o Selecione objetivos claros, como "Tráfego", "Geração de Leads" ou "Conversões", dependendo da meta.

- **Segmentação Avançada**:

  o Segmente por interesses, comportamentos e dados demográficos.

  o Use o recurso de "Público Semelhante" para atingir pessoas parecidas com seus clientes existentes.

- **Orçamento e Bidding**:

  o Comece com um orçamento pequeno para testar diferentes abordagens.

  o Otimize lances com foco em Custo por Conversão (CPC).

- **Teste A/B**:

  o Crie variações de anúncios para testar diferentes elementos, como imagens, textos ou chamadas à ação.

4. Engajamento Orgânico e Comunidades

Embora os anúncios pagos sejam essenciais, o engajamento orgânico também desempenha um papel importante na promoção de produtos digitais.

•Página Profissional:

o   Mantenha uma página do Facebook ativa e bem estruturada.

o   Publique regularmente, mantendo uma combinação de conteúdo promocional e informativo.

•Grupos no Facebook:

o   Participe ou crie grupos relevantes para o nicho do produto.

o   Contribua com conteúdo útil antes de promover produtos diretamente.

•Interações Autênticas:

o   Responda rapidamente a comentários e mensagens.

o   Incentive os seguidores a marcar amigos ou compartilhar posts.

5. Crie Ofertas e Promoções Irresistíveis

Ofertas exclusivas ajudam a impulsionar vendas e aumentar a urgência para compra.

•Descontos Temporários:

o   Ofereça promoções limitadas, destacando o prazo com contadores regressivos.

•Bônus e Pacotes:

o   Inclua brindes ou acesso exclusivo a materiais complementares.

•Parcerias:

o   Colabore com influenciadores ou criadores de conteúdo para ampliar o alcance.

6. Rastreie e Analise Resultados

Monitorar o desempenho é essencial para ajustar as estratégias e garantir melhores resultados.

•Métricas Chave:

o   Acompanhe Alcance, Engajamento, CTR (Taxa de Cliques) e ROI (Retorno sobre Investimento).

•Ferramentas de Monitoramento:

o   Use o Facebook Pixel para rastrear conversões e otimizar campanhas futuras.

•Ajustes Contínuos:

o   Revise e otimize campanhas regularmente com base nos dados coletados.

7. Planejamento a Longo Prazo

Construa relações duradouras com seus clientes para maximizar o valor vitalício.

•E-mail Marketing Integrado:

o   Utilize os leads capturados no Facebook para campanhas de e-mail.

•Remarketing:

o   Direcione anúncios para pessoas que interagiram com seus conteúdos, mas não finalizaram a compra.

•Atualizações Regulares:

o   Mantenha sua página atualizada com novos produtos ou funcionalidades.

Promover produtos digitais no Facebook exige dedicação, experimentação e análise constante. Com a combinação certa de estratégias, a plataforma pode ser uma poderosa aliada no crescimento do seu negócio digital.

14. Integração do Facebook com Outras Redes Sociais

A integração do Facebook com outras redes sociais tem sido uma estratégia essencial para maximizar o alcance e a eficiência das campanhas de marketing digital. Com mais de 2,9 bilhões de usuários ativos mensalmente, o Facebook oferece um ecossistema robusto que permite aos negócios ampliar sua presença online, criar experiências coesas e otimizar o desempenho em múltiplas plataformas. Este capítulo explorará as possibilidades, benefícios e estratégias para integrar o Facebook com outras redes sociais, como Instagram, WhatsApp, Twitter, LinkedIn e TikTok.

Benefícios da Integração Multiplataforma

1. **Alcance Expandido:** Ao conectar o Facebook a outras redes sociais, as marcas podem atingir diferentes públicos com preferências variadas. Por exemplo, enquanto o Facebook é popular entre faixas etárias mais amplas, o Instagram atrai públicos

mais jovens e visualmente orientados, enquanto o LinkedIn se concentra em profissionais.

2. **Consistência de Marca:** Integrar plataformas permite criar mensagens consistentes que reforçam a identidade da marca. Recursos como o Gerenciador de Anúncios do Facebook possibilitam a criação de campanhas unificadas para veiculação no Facebook, Instagram e Messenger.

3. **Análise Centralizada:** Ferramentas como o Facebook Business Suite consolidam dados de desempenho em todas as plataformas vinculadas, proporcionando insights detalhados e facilitando a tomada de decisão baseada em dados.

4. **Economia de Tempo:** Automatização de postagens e campanhas é possível através de integrações, reduzindo o esforço manual e permitindo que equipes foquem em estratégias criativas.

Redes Sociais com Alto Grau de Integração com o Facebook

1. **Instagram:** • **Gerenciamento de Postagens:** Com o Facebook Business Suite, é possível criar e agendar conteúdo simultaneamente para Facebook e Instagram. • **Anúncios:** O Gerenciador de Anúncios permite segmentação para ambas as plataformas, otimizando o ROI (Retorno sobre Investimento). • **Loja Integrada:** Produtos adicionados ao Facebook Shop aparecem automaticamente no Instagram Shopping, promovendo uma experiência de e-commerce unificada.

2.   **WhatsApp:** • **Integração Comercial:** Empresas podem vincular o WhatsApp Business ao Facebook para oferecer atendimento direto através de links em anúncios ou páginas. • **Pixel de Rastreamento:** Acompanhamento do comportamento dos clientes entre o Facebook e o WhatsApp para refinar estratégias de marketing.

3.   **Twitter:** Embora não seja propriedade do Meta, o Twitter pode ser integrado para sincronização de postagens através de ferramentas de terceiros, como Buffer e Hootsuite. Essa integração garante que mensagens importantes sejam compartilhadas em ambas as plataformas, alcançando audiências distintas.

4.   **LinkedIn:** • **Conteúdo B2B:** Empresas podem reutilizar conteúdo criado no Facebook para LinkedIn, adaptando o tom para um público mais profissional. • **Análises Cruzadas:** Comparar métricas entre Facebook e LinkedIn ajuda a ajustar a estratégia para cada nicho.

5.   **TikTok:** • **Tráfego Cruzado:** Anúncios no Facebook podem promover perfis ou desafios no TikTok. • **Conteúdo Reciclado:** Vídeos criados para o TikTok podem ser reaproveitados como Reels no Facebook e Instagram, maximizando o alcance de conteúdo.

Ferramentas para Integração Eficiente

1.   **Facebook Business Suite:** Permite gerenciar postagens, mensagens e anúncios para Facebook e Instagram em uma única plataforma.

2. **Hootsuite e Buffer:** Facilitam o agendamento de conteúdo e sincronização entre o Facebook e outras redes sociais.

3. **Zapier:** Automatiza fluxos de trabalho entre Facebook e plataformas como Twitter, LinkedIn e outras.

Estratégias para Sucesso na Integração

1. **Planejamento de Conteúdo:** Desenvolver calendários editoriais que levem em consideração as peculiaridades de cada plataforma, mantendo a consistência da mensagem.

2. **Personalização:** Embora a integração permita sincronização, adaptar o tom e o formato é essencial para atender às expectativas de cada audiência.

3. **Acompanhamento Contínuo:** Monitorar métricas em todas as plataformas para identificar oportunidades de melhoria e ajustar campanhas.

4. **Engajamento Ativo:** Usar integrações para responder rapidamente a comentários, mensagens e interações, criando uma experiência positiva para o usuário.

Conclusão

A integração do Facebook com outras redes sociais é uma ferramenta poderosa que possibilita maximizar o alcance, simplificar operações e criar uma presença digital coesa. Ao utilizar as ferramentas certas e adotar estratégias bem planejadas, é possível conquistar audiências diversificadas e obter resultados expressivos em múltiplas plataformas.

15. Ferramentas de Automação para Vendas

O Facebook é uma das plataformas sociais mais populares e poderosas para a realização de vendas. Com milhões de usuários ativos diariamente, a plataforma oferece oportunidades únicas para empresas alcançarem clientes em potencial. No entanto, gerir eficientemente um negócio no Facebook pode ser um desafio, especialmente quando se trata de responder a mensagens, atualizar conteúdos e gerenciar anúncios. Felizmente, diversas ferramentas de automação foram desenvolvidas para otimizar essas tarefas e maximizar os resultados. Vamos explorar as principais ferramentas e como elas podem ser aplicadas.

1. Gerenciadores de Anúncios

Os gerenciadores de anúncios automatizam o processo de criação, segmentação e monitoramento de campanhas publicitárias. Algumas ferramentas populares incluem:

•**Facebook Ads Manager:** Ferramenta oficial do Facebook para gerenciar campanhas. Permite criar anúncios detalhados, segmentar públicos com base em dados demográficos, interesses e comportamentos, e monitorar resultados em tempo real.

•**AdEspresso:** Uma ferramenta de terceiros que facilita a criação e o teste de múltiplas variações de anúncios, otimizando o desempenho com base em análises detalhadas.

•**Hootsuite Ads:** Oferece recursos para gerenciar anúncios no Facebook e outras plataformas, tudo em um único painel de controle.

Benefícios:

•Economiza tempo ao automatizar campanhas.

•Oferece relatórios detalhados para melhorar a tomada de decisão.

•Permite o uso de IA para otimizar o alcance e a eficiência.

2. Chatbots para Atendimento ao Cliente

Chatbots são essenciais para empresas que recebem muitas mensagens no Messenger. Eles permitem respostas automáticas e personalizadas, mesmo fora do horário comercial.

•**ManyChat:** Integração simples com o Facebook Messenger para criar fluxos de conversação personalizados, promover produtos e responder perguntas frequentes.

•**MobileMonkey:** Facilita o gerenciamento de vários canais de mensagens, permitindo conversas automatizadas com clientes no Messenger, Instagram e SMS.

•**Chatfuel:** Uma plataforma intuitiva para criar bots sem a necessidade de conhecimentos em programação.

Benefícios:

•Melhora a experiência do cliente com respostas rápidas.

•Reduz a carga de trabalho da equipe de atendimento.

•Gera leads de forma automatizada por meio de interações.

3. Ferramentas de Agendamento de Posts

Manter uma presença consistente no Facebook é fundamental, mas pode ser demorado. Ferramentas de agendamento ajudam a planejar e postar conteúdos automaticamente.

•**Buffer:** Permite criar calendários de publicação e analisar o desempenho de posts.

•**Hootsuite:** Além de gerenciar anúncios, permite programar posts em múltiplas plataformas.

•**Sprout Social:** Ferramenta completa que inclui agendamento, análise de desempenho e monitoramento de mensagens.

Benefícios:

•Garante regularidade nas publicações.

•Permite ajustar o horário dos posts para melhor engajamento.

•Oferece insights sobre quais conteúdos geram mais impacto.

4. Ferramentas de Gerenciamento de Leads

Capturar e gerenciar leads é uma etapa crítica para converter potenciais clientes em compradores. Ferramentas de automação ajudam a organizar essas informações.

•**LeadsBridge:** Integra o Facebook Leads Ads com CRMs como Salesforce, HubSpot e Zoho.

•**Zapier:** Automatiza a transferência de dados de formulários do Facebook para sistemas internos.

•**Pipedrive:** Um CRM que facilita o rastreamento e o seguimento de leads gerados por anúncios no Facebook.

Benefícios:

•Reduz erros na entrada de dados.

•Facilita o acompanhamento personalizado.

•Melhora as taxas de conversão.

5. Análise e Monitoramento de Desempenho

Compreender o impacto de suas estratégias é essencial para ajustar e melhorar continuamente.

•**Facebook Insights:** Oferece dados detalhados sobre o desempenho de páginas, posts e anúncios.

•**Google Analytics:** Permite rastrear como o tráfego do Facebook está impactando seu site ou loja online.

•**Cyfe:** Uma plataforma all-in-one que centraliza dados de múltiplas fontes, incluindo o Facebook.

Benefícios:

•Identifica o que está funcionando e o que precisa ser ajustado.

•Fornece dados para justificar investimentos em anúncios.

•Ajuda a entender o comportamento do público.

6. Plataformas de Remarketing

O remarketing é uma técnica eficaz para reengajar pessoas que demonstraram interesse, mas não concluíram uma compra.

•**Pixel do Facebook:** Uma ferramenta essencial para rastrear visitantes do seu site e exibir anúncios personalizados para eles no Facebook.

•**RetargetApp:** Automatiza campanhas de remarketing com base em dados do Pixel.

•**Perfect Audience:** Cria campanhas de remarketing direcionadas, integrando várias fontes de dados.

Benefícios:

•Aumenta as chances de conversão.

•Permite uma abordagem mais personalizada.

•Maximiza o ROI de campanhas publicitárias.

7. Plataformas de E-commerce Integradas

Para quem vende produtos diretamente no Facebook, integrar soluções de e-commerce pode simplificar as operações.

•**Shopify:** Conecta sua loja online ao Facebook, permitindo que produtos sejam vendidos diretamente pela plataforma.

•**BigCommerce:** Integração robusta para sincronizar catálogos e gerenciar inventário.

•**Ecwid:** Facilita a criação de uma loja no Facebook, sem necessidade de um site externo.

Benefícios:

•Facilita a experiência de compra para os clientes.

•Permite o gerenciamento centralizado de inventário e pedidos.

•Aumenta as taxas de conversão com menos barreiras para a compra.

Considerações Finais

A automação é um recurso indispensável para empreendedores e empresas que desejam alavancar vendas no Facebook de maneira eficiente. O uso dessas ferramentas não apenas economiza tempo, mas também potencializa resultados, permitindo que as equipes se concentrem em estratégias criativas e na expansão dos negócios. Ao escolher as ferramentas certas, é possível transformar o Facebook em uma verdadeira máquina de vendas, conquistando novos clientes e fortalecendo relações com o público existente.

16. Humanizando Sua Marca Através de Histórias

No mundo digital, as marcas não podem mais se limitar a oferecer produtos ou serviços. Elas precisam se conectar com seus públicos em um nível mais profundo, emocional e humano. E uma das ferramentas mais eficazes para atingir esse objetivo é o recurso de Histórias no Facebook. Este capítulo explora como as marcas podem humanizar sua presença online utilizando Histórias, criando uma narrativa envolvente que não apenas atrai seguidores, mas também os transforma em defensores leais da marca.

O Poder da Narração Visual

As Histórias do Facebook são, essencialmente, uma forma de narrar histórias em um formato rápido, visual e temporário. Com duração de 24 horas, elas oferecem uma sensação de urgência que incentiva os seguidores a se engajarem antes que o conteúdo desapareça. Mais importante ainda, esse formato permite que as marcas compartilhem:

•Momentos espontâneos que mostram a parte "humana" da empresa.

•Histórias autênticas que fortalecem a identidade da marca.

•Elementos visuais e interativos que geram uma experiência imersiva.

Criando Histórias Que Ressoam

Para humanizar sua marca, o foco deve estar na criação de conteúdo que ressoe com o público. Isso exige compreender profundamente as dores, aspirações e valores do seu público-alvo. Considere os seguintes elementos:

1.   **Autenticidade:** Mostre os bastidores da sua empresa. Apresente os colaboradores, os processos de criação dos produtos ou eventos internos. Essa transparência cria uma conexão emocional, ajudando os clientes a verem o lado humano da sua marca.

2. **Histórias de Clientes:** Compartilhe relatos de clientes que tiveram suas vidas impactadas positivamente pelo seu produto ou serviço. Dê ênfase aos aspectos emocionais, como transformações pessoais ou desafios superados.

3. **Engajamento Interativo:** Utilize recursos como enquetes, caixas de perguntas e gifs para transformar as Histórias em um diálogo, não apenas um monólogo. Essa interatividade faz com que os seguidores se sintam parte da narrativa.

4. **Conteúdo Relatável:** Crie Histórias que reflitam situações cotidianas com as quais seu público pode se identificar. Por exemplo, uma marca de café pode compartilhar uma história sobre a rotina matinal caótica, destacando como seu produto ajuda a começar o dia com energia.

Exemplos Práticos de Sucesso

Marcas de diferentes setores têm utilizado Histórias no Facebook para humanizar suas mensagens. Aqui estão alguns exemplos:

•**Marcas de Moda:** Utilizam Histórias para mostrar as pessoas por trás da criação de coleções, desde estilistas até costureiras, adicionando um toque humano às peças.

•**Startups de Tecnologia:** Compartilham os desafios e conquistas de sua jornada, gerando empatia e inspirando outras startups ou entusiastas de inovação.

•**ONGs:** Mostram como as doações impactam vidas reais, apresentando histórias de beneficiados que despertam empatia e incentivam mais pessoas a contribuir.

Estratégia e Consistência

Uma abordagem bem-sucedida para Histórias no Facebook requer planejamento e consistência. Embora o formato sugira espontaneidade, o conteúdo deve ser estrategicamente alinhado aos objetivos da marca. Considere os seguintes passos:

1.   **Planeje Sua Narrativa:** Defina os temas principais que você deseja comunicar e assegure-se de que cada História contribua para reforçar esses temas.

2.   **Mantenha uma Identidade Visual Coerente:** Use paletas de cores, fontes e elementos gráficos consistentes que reflitam a identidade da sua marca.

3.   **Analise Resultados:** Utilize as métricas do Facebook para avaliar o alcance, as interações e os feedbacks recebidos em suas Histórias. Ajuste sua estratégia com base nesses dados.

O Impacto da Humanização

Ao humanizar sua marca através de Histórias no Facebook, você não está apenas construindo conexões. Você está criando memórias. Essas experiências, por sua vez, aumentam a lealdade à marca, estimulam o boca a boca e geram maior engajamento. Em um mundo onde as pessoas valorizam cada vez mais relações autênticas, investir em narrativas humanas não é apenas uma opção — é essencial para o sucesso.

17. Como Gerar Leads Eficazes

Gerar leads eficazes no Facebook é uma estratégia essencial para empresas e empreendedores que desejam expandir sua base de clientes e aumentar as vendas. O Facebook, com seus mais de 2 bilhões de usuários ativos mensais, oferece uma plataforma robusta para atingir diversos públicos. No entanto, o sucesso depende de uma abordagem bem planejada, baseada em dados e adaptada ao comportamento do usuário. Abaixo, exploramos os passos fundamentais para criar campanhas de geração de leads eficazes no Facebook.

1. Defina Seu Público-Alvo

O primeiro passo para gerar leads eficazes é entender quem é o seu público-alvo. O Facebook permite segmentar audiências com base em dados demográficos, interesses, comportamentos e muito mais. Use as seguintes táticas:

•**Crie Personas**: Desenvolva perfis detalhados de seus clientes ideais, incluindo idade, localização, ocupação, interesses e desafios.

•**Use o Gerenciador de Anúncios**: Utilize as ferramentas de segmentação do Facebook para refinar sua audiência com base em comportamentos passados e dados de interações.

•**Teste Audiências**: Realize testes A/B com diferentes segmentações para identificar quais grupos respondem melhor aos seus anúncios.

2. Crie Ofertas Irresistíveis

Leads só serão gerados se os usuários perceberem valor na sua oferta. Uma oferta eficaz deve:

•**Resolver um Problema**: Foque em soluções que atendam às necessidades do seu público-alvo.

•**Ser Clara e Concisa**: Certifique-se de que o valor da oferta seja evidente em poucos segundos.

•**Usar Incentivos**: Considere oferecer algo gratuito, como e-books, webinars, descontos ou testes gratuitos em troca das informações de contato do usuário.

3. Use o Formulário de Lead Ads do Facebook

Os Lead Ads do Facebook são projetados especificamente para facilitar a coleta de informações dos usuários sem que eles precisem sair da plataforma. Algumas dicas para otimizar o uso:

•**Formulários Simples**: Inclua apenas os campos necessários, como nome, e-mail e telefone. Formulários muito longos podem desmotivar os usuários.

•**Design Atrativo**: Use imagens e textos que chamem a atenção, mantendo o visual alinhado com sua marca.

•**CTA Claro**: Inclua chamadas para ação (CTAs) objetivas, como "Baixe Agora" ou "Inscreva-se Gratuitamente".

4. Otimize o Conteúdo Visual e o Texto dos Anúncios

Um anúncio bem-sucedido combina imagens ou vídeos atraentes com textos convincentes. Para maximizar os resultados:

•**Imagens de Alta Qualidade**: Utilize imagens ou vídeos que sejam relevantes para sua oferta e que se destaquem no feed do usuário.

•**Texto Direto**: Seja claro sobre o benefício que o usuário receberá ao interagir com o anúncio.

•**Provas Sociais**: Inclua depoimentos ou métricas, como "Mais de 10.000 clientes satisfeitos", para aumentar a credibilidade.

5. Teste e Otimize Suas Campanhas

A geração de leads eficazes exige um processo contínuo de teste e otimização. Considere:

•**Testes A/B**: Experimente diferentes combinações de texto, imagens, CTAs e segmentações.

•**Monitore Métricas**: Acompanhe indicadores como custo por lead (CPL), taxa de conversão e engajamento.

•**Ajuste Conforme Necessário**: Baseado nos resultados, refine sua estratégia para melhorar o desempenho.

6. Engaje os Leads Coletados

Gerar leads é apenas o início. Para maximizar o retorno, é essencial nutrir esses leads e guiá-los pela jornada de compra. Para isso:

•**Automatize e-mails de Seguimento**: Use ferramentas de automação para enviar e-mails personalizados com conteúdo relevante.

•**Ofereça Valor Consistente**: Continue fornecendo informações úteis e ofertas personalizadas para manter o interesse.

•**Integre com CRM**: Organize os leads em um sistema de gestão de relacionamento para acompanhamento eficiente.

7. Aproveite o Pixel do Facebook

O Pixel do Facebook é uma ferramenta essencial para rastrear e otimizar suas campanhas. Ele permite que você:

•**Crie Audiências Semelhantes**: Baseie-se nos leads existentes para encontrar mais pessoas com características similares.

•**Monitore Conversões**: Analise o comportamento dos usuários após interagirem com seus anúncios.

•**Refine a Segmentação**: Use os dados coletados para melhorar a precisão das campanhas futuras.

8. Invista em Retargeting

Nem todos os usuários que visualizam seus anúncios se tornam leads imediatamente. O retargeting é uma técnica eficaz para reconectar-se com essas pessoas. Estratégias incluem:

•**Anúncios Personalizados**: Crie campanhas específicas para quem interagiu com seu site ou anúncios, mas não concluiu a ação.

•**Lembretes e Ofertas**: Reforce a proposta de valor com incentivos adicionais, como descontos limitados.

9. Mantenha-se Atualizado

O Facebook está em constante evolução. Acompanhe as atualizações da plataforma e adapte sua estratégia conforme novas ferramentas e funcionalidades sejam lançadas. Participe de grupos, leia blogs especializados e esteja sempre um passo à frente.

Conclusão

Gerar leads eficazes no Facebook requer um plano estruturado e execução consistente. Ao definir claramente seu público-alvo, criar ofertas atraentes, usar as ferramentas certas e acompanhar os resultados, você pode transformar o Facebook em um canal poderoso para expansão de sua base de clientes. Lembre-se de que a geração de leads é um processo contínuo, que exige adaptação constante e foco nos resultados.

18. Estratégias para Lidar com Feedback e Críticas Online

A interação com a audiência no Facebook é uma parte crucial para o sucesso de qualquer negócio ou marca. No entanto, lidar com feedback e críticas online pode ser desafiador, especialmente quando são negativas. Este capítulo aborda as melhores práticas para gerenciar feedbacks e transformar críticas em oportunidades de crescimento.

1. Compreender o Contexto do Feedback

Antes de reagir a qualquer crítica ou comentário, é essencial compreender:

•O tom e o conteúdo do feedback.

•Quem é o autor do comentário (cliente, seguidor casual ou concorrente).

•O contexto em que o feedback foi dado, como o momento da publicação ou situações recentes que possam ter influenciado.

Uma análise contextual evita reações precipitadas e permite uma abordagem mais eficaz e respeitosa.

2. Respostas Imediatas x Respostas Planejadas

•**Imediatas**: Alguns comentários exigem resposta rápida, como perguntas simples ou preocupações urgentes.

•**Planejadas**: Críticas mais elaboradas, que exigem uma análise detalhada, devem ser respondidas após uma avaliação cuidadosa. Nestes casos, é apropriado reconhecer o comentário de imediato e informar que uma resposta detalhada será dada em breve.

3. Manter a Profissionalidade e a Empatia

Nunca responda de forma emocional ou agressiva, independentemente do teor da crítica. Algumas dicas incluem:

•Comece reconhecendo a preocupação do usuário: "Agradecemos por compartilhar sua experiência...".

•Demonstre empatia: "Entendemos como isso pode ter sido frustrante...".

•Evite discussões públicas, sempre que possível, e ofereça continuar a conversa via mensagens privadas.

4. Diferenciar Críticas Construtivas de Comentários Negativos

Nem todas as críticas são construtivas. Aqui estão alguns exemplos e como lidar com cada um:

•**Construtivas**: Fornecem informações valiosas sobre o que pode ser melhorado. Exemplo: "Achei o produto útil, mas tive dificuldade em usar a função X". Responda agradecendo o feedback e detalhando as ações tomadas.

•**Destrutivas**: Comentários feitos apenas para criticar ou atacar. Exemplo: "Isso é um lixo!". Responda de forma sucinta, reafirmando seu compromisso com a qualidade e sugerindo soluções.

•**Tóxicas**: Incluem insultos ou comportamento abusivo. Nestes casos, aplique as políticas de moderação da página e, se necessário, denuncie o usuário.

5. Transformar Críticas em Oportunidades

Cada crítica representa uma chance de:

•Melhorar seus produtos ou serviços.

•Demonstrar transparência ao resolver problemas.

•Construir relações mais fortes com seus clientes.

Ao responder publicamente, você também envia uma mensagem para outros seguidores de que valoriza as opiniões e está comprometido com a satisfação do cliente.

6. Políticas de Moderação

Estabeleça regras claras para interação na página. Inclua diretrizes como:

●Proibição de linguagem ofensiva.

●Incentivo a comentários respeitosos.

●Esclarecimento sobre a remoção de comentários que violem as regras.

Certifique-se de comunicar essas regras na página para que todos saibam o que esperar.

7. Usar Feedback Positivo como Alavanca

Não foque apenas nas críticas; os elogios também são valiosos:

●Responda agradecendo e reconhecendo o feedback positivo.

●Use depoimentos e comentários como prova social em campanhas futuras.

●Crie um destaque ou álbum com feedbacks positivos para reforçar a confiança na marca.

8. Monitoramento e Análise de Dados

Utilize ferramentas como o Facebook Insights para monitorar:

• A quantidade e qualidade dos feedbacks.

• Tendências nos comentários ao longo do tempo.

• Impacto das respostas públicas na percepção da marca.

Esses dados ajudam a ajustar a estratégia e antecipar possíveis problemas.

9. Treinamento da Equipe de Atendimento

Se você tiver uma equipe dedicada à gestão de redes sociais, invista em:

• Treinamento em comunicação escrita e gestão de crises.

• Desenvolvimento de scripts para respostas comuns.

• Ensaios simulados de interações desafiadoras.

10. Encerramento de Situações Críticas

Sempre encerre situações críticas com:

• Um pedido de desculpas, se aplicável.

•Uma solução ou promessa de melhoria.

•Um convite para continuar a conversa em privado, quando necessário.

Considerações Finais

Gerenciar feedback e críticas no Facebook é um processo que exige empatia, profissionalismo e estratégia. Ao abordar os comentários de forma eficaz, você não apenas resolve problemas, mas também fortalece a confiança e lealdade do seu público. Transforme cada interação em uma oportunidade de crescimento para sua marca.

19. Criação de Promoções e Ofertas que Convertem

O Facebook é uma das plataformas mais poderosas para a promoção de produtos e serviços devido à sua vasta base de usuários e capacidade de segmentação. No entanto, para criar promoções e ofertas que realmente convertem, é essencial compreender as melhores práticas de marketing, os recursos específicos da plataforma e os comportamentos do público-alvo.

1. Compreendendo o Público-Alvo

Antes de criar uma promoção, é vital conhecer profundamente quem você deseja atingir. Use ferramentas como:

•**Audience Insights do Facebook**: Analise informações demográficas, interesses e comportamentos do seu público.

•**Testes A/B**: Identifique quais tipos de mensagens e criativos ressoam mais com diferentes segmentos.

•**Análise de Clientes Existentes**: Utilize dados já coletados para construir personas.

2. Estruturando Ofertas Irresistíveis

Uma oferta de sucesso deve criar um senso de valor e urgência. Elementos-chave incluem:

•**Benefícios Claros**: Destaque o que o cliente ganhará ao adquirir seu produto ou serviço.

•**Prova Social**: Inclua depoimentos, estudos de caso ou números que demonstrem a eficácia do produto.

•**Prazo Limitado**: Promova descontos por tempo limitado para estimular ações rápidas.

•**Oferta Exclusiva**: Crie promoções apenas para seguidores do Facebook ou grupos específicos.

Exemplo: "Somente hoje: 30% de desconto no nosso curso online + ebook gratuito! Clique agora para garantir."

3. Criando Criativos de Alto Impacto

A promoção deve chamar atenção rapidamente, especialmente em um feed competitivo. Considere:

•**Imagens de Alta Qualidade**: Use fotos ou gráficos que representem bem o produto.

•**Textos Atraentes**: Inclua chamadas para ação ("Clique aqui", "Garanta agora") e evidencie benefícios principais.

•**Vídeos Curtos**: Conte histórias emocionantes ou mostre produtos em uso.

•**Design Consistente**: Alinhe cores e fontes com a identidade visual da marca.

4. Utilizando Recursos Exclusivos do Facebook

O Facebook oferece diversas ferramentas que ajudam a promover ofertas de forma eficaz:

•**Botão "Chamar para Ação"**: Inclua botões como "Saiba Mais" ou "Comprar Agora" em seus anúncios.

•**Promoções Localizadas**: Use segmentação geográfica para ofertas específicas a determinadas regiões.

•**Facebook Stories**: Destaque ofertas em histórias para maximizar o alcance.

•**Grupos e Comunidades**: Compartilhe ofertas em grupos relevantes para aumentar a exposição.

5. Alavancando a Segmentação Avançada

A segmentação é um dos maiores trunfos do Facebook. Use-a para garantir que sua promoção alcance as pessoas certas:

•**Públicos Personalizados**: Crie listas baseadas em clientes anteriores ou visitantes do site.

•**Públicos Semelhantes**: Encontre novos potenciais clientes com base nas características do seu público.

•**Interesses e Comportamentos**: Segmente por hobbies, status de relacionamento, preferências de compra, entre outros.

6. Medindo o Sucesso das Promoções

Avalie constantemente os resultados para otimizar as futuras campanhas:

•**KPIs Principais**:

o   Taxa de Cliques (CTR)

o   Conversões

o   Retorno Sobre Investimento (ROI)

•**Testes e Iterações**:

o   Altere elementos como cores, textos e segmentações para melhorar a performance.

7. Fidelizando Clientes

Uma vez que a promoção converta um cliente, use estratégias para mantê-lo engajado:

•**Remarketing**: Ofereça descontos especiais para compras futuras.

•**Conteúdo Exclusivo**: Envie novidades ou conteúdo educacional para agregar valor.

•**Programa de Indicação**: Incentive os clientes a convidar amigos em troca de benefícios.

Conclusão

Criar promoções que convertem no Facebook requer planejamento, criatividade e uma análise constante. Ao entender o público, estruturar ofertas atraentes e alavancar os recursos da plataforma, você pode maximizar seus resultados e gerar valor tanto para sua marca quanto para os clientes. Experimente, aprenda e refine suas técnicas para dominar este poderoso canal de marketing.

20. O Papel do Messenger na Estratégia de Vendas

O Messenger, ferramenta de mensagens integrada ao Facebook, tem se consolidado como um dos elementos mais eficazes na estratégia de vendas digitais. Com mais de 1 bilhão de usuários ativos mensalmente, ele oferece um canal direto e personalizado de comunicação entre empresas e clientes, tornando-se indispensável para marcas que buscam construir relações sólidas e converter interações em vendas.

1. Comunicação Rápida e Personalizada

Uma das principais vantagens do Messenger é sua capacidade de proporcionar uma comunicação instantânea e personalizada. Diferentemente de outros canais, como e-mails ou chamadas telefônicas, o Messenger permite que as marcas conversem com os clientes em tempo real, resolvendo dúvidas, fornecendo informações sobre produtos e orientando o processo de compra. Além disso, as interações podem ser ajustadas para atender às necessidades individuais de cada cliente, fortalecendo a experiência do usuário.

•**Respostas rápidas**: A agilidade é um fator decisivo para fechar vendas. O Messenger possibilita respostas automáticas para perguntas frequentes, reduzindo o tempo de espera e mantendo o cliente engajado.

•**Chatbots**: O uso de chatbots automatiza o atendimento inicial, oferecendo soluções imediatas para consultas simples e liberando os representantes humanos para tratar de questões mais complexas.

2. Integração com Anúncios e Páginas de Vendas

O Messenger está profundamente integrado ao ecossistema do Facebook, permitindo que as empresas utilizem anúncios "Click-to-Messenger". Esses anúncios direcionam os clientes diretamente para uma conversa, eliminando barreiras entre o interesse inicial e a interação com a marca.

•**Conversões direcionadas**: Ao clicar em um anúncio, o cliente é redirecionado ao Messenger, onde pode receber informações adicionais, descontos exclusivos ou um link direto para a compra.

•**Remarketing**: O Messenger também é uma ferramenta poderosa para remarketing. Empresas podem enviar mensagens personalizadas para clientes que já interagiram com seus anúncios ou abandonaram o carrinho de compras, incentivando a conversão.

3. Criação de Relacionamentos Duradouros

No contexto das vendas digitais, construir relações é tão importante quanto fechar uma venda. O Messenger permite que as marcas mantenham um contato constante com seus clientes, criando um relacionamento que pode resultar em fidelidade à marca.

•**Interação frequente**: Empresas podem usar o Messenger para enviar atualizações sobre produtos, promoções e eventos especiais, mantendo o cliente engajado.

•**Atendimento pós-venda**: Um bom atendimento após a compra é essencial para aumentar a satisfação do cliente. O Messenger é ideal para acompanhar feedbacks, resolver problemas e fortalecer o vínculo com o consumidor.

4. Automatização e Escalabilidade

Para empresas que lidam com grandes volumes de clientes, o Messenger oferece soluções escaláveis por meio da automatização. Isso permite que as marcas atendam milhares de clientes simultaneamente sem comprometer a qualidade do atendimento.

•**Ferramentas de automação**: Chatbots e fluxos de mensagens automatizadas garantem que nenhuma mensagem fique sem resposta.

•**Segmentação**: A personalização pode ser elevada ao segmentar mensagens com base em dados demográficos, comportamentos de compra e preferências dos clientes.

5. Análise e Otimização

O Messenger também fornece dados valiosos para otimizar estratégias de vendas. Empresas podem monitorar as interações e identificar o que funciona melhor em suas campanhas.

•**Métricas-chave**: Taxas de abertura, tempos de resposta e conversões são algumas das métricas que ajudam a avaliar o desempenho.

•**Testes A/B**: Experimentar diferentes abordagens no Messenger pode ajudar a refinar o tom de voz e as ofertas para maximizar os resultados.

6. Vendas Diretas no Messenger

Com a evolução das funcionalidades do Messenger, agora é possível realizar vendas diretas pela plataforma. Por meio de integrações com sistemas de pagamento, o cliente pode completar a compra sem sair da conversa.

•**Pagamento integrado**: As opções de pagamento direto no Messenger tornam o processo de compra mais fluido e conveniente.

•**Confiança e segurança**: O Messenger utiliza protocolos de segurança robustos, garantindo a proteção das informações dos clientes.

Conclusão

O Messenger é muito mais do que uma ferramenta de mensagens; é um pilar fundamental para empresas que desejam maximizar suas vendas no ecossistema do Facebook. Sua capacidade de combinar comunicação instantânea, personalização, automação e integração com outras ferramentas torna-o indispensável para qualquer estratégia de vendas bem-sucedida. Ao investir em recursos e boas práticas para utilizar o Messenger, empresas podem não apenas aumentar suas vendas, mas também construir relações sólidas e duradouras com seus clientes.

21. Facebook Ads: Tipos de Anúncios e Seus Objetivos

O Facebook Ads é uma das ferramentas mais poderosas para empresas que desejam aumentar sua visibilidade, atrair novos clientes e maximizar suas vendas. A plataforma oferece uma variedade de formatos de anúncios que podem ser adaptados às metas específicas de cada negócio. Neste capítulo, exploraremos os principais tipos de anúncios disponíveis no Facebook Ads e como eles podem ser alinhados com os objetivos de sua campanha.

1. Tipos de Anúncios no Facebook Ads

1.1. Anúncios com Imagens

Os anúncios com imagens são simples e eficazes. Eles consistem em uma única imagem acompanhada de texto.

•**Vantagens:**

o   Rápidos de criar e gerenciar.

o   Ideais para mensagens claras e diretas.

o   Capazes de atrair atenção com imagens de alta qualidade.

•Melhor Utilização:

o   Promoções de produtos específicos.

o   Divulgação de eventos.

o   Aumentar o reconhecimento da marca com elementos visuais fortes.

1.2. Anúncios em Vídeo

Os vídeos são uma forma envolvente de capturar a atenção do público.

•Vantagens:

o   Geram maior engajamento.

o   Podem contar histórias de maneira mais impactante.

o   Permitem incluir demonstrações de produtos ou depoimentos.

•Melhor Utilização:

o   Educar os clientes sobre produtos ou serviços.

o   Compartilhar histórias emocionais da marca.

o   Aumentar o tempo de visualização e engajamento.

1.3. Anúncios em Carrossel

Os anúncios em carrossel permitem exibir de 2 a 10 imagens ou vídeos em um único anúncio.

•**Vantagens:**

o   Apresentam múltiplos produtos em uma única experiência.

o   Possibilitam contar uma história sequencial.

o   Incentivam o público a interagir deslizando o carrossel.

•**Melhor Utilização:**

o   Mostrar várias opções de produtos ou serviços.

o   Apresentar diferentes etapas de um processo ou história.

o   Destacar várias funcionalidades de um produto.

1.4. Anúncios de Coleção

Os anúncios de coleção combinam vídeos, imagens e catálogos de produtos, permitindo que os clientes comprem diretamente.

• **Vantagens:**

o   Perfeitos para e-commerce.

o   Experiência integrada e interativa.

o   Facilitam o processo de compra sem sair do Facebook.

• **Melhor Utilização:**

o   Lojas que querem aumentar as vendas diretamente.

o   Campanhas voltadas para dispositivos móveis.

1.5. Anúncios em Formato de Experiência Instantânea

Esse formato oferece uma experiência imersiva em tela cheia para dispositivos móveis.

• **Vantagens:**

o   Altamente envolvente.

o   Permite combinação de texto, imagens, vídeos e botões interativos.

o   Ideal para criar uma experiência de marca memorável.

•Melhor Utilização:

o   Contar histórias ricas.

o   Mostrar catálogos ou portfolios.

o   Atrair clientes com conteúdo visual de alto impacto.

---

2. Objetivos dos Anúncios no Facebook Ads

A plataforma permite que os anunciantes alinhem seus anúncios aos objetivos específicos da campanha. Esses objetivos são divididos em três categorias principais:

2.1. Reconhecimento

Focado em aumentar a consciência sobre a marca ou produto.

•Opções de Campanha:

o   **Reconhecimento da Marca:** Aumenta o alcance para pessoas mais propensas a lembrar da marca.

o   **Alcance:** Garante que o maior número possível de pessoas veja o anúncio.

- **Quando Usar:**

o   Lançamento de novos produtos ou serviços.

o   Construir uma presença consistente no mercado.

2.2. Consideração

Focado em atrair públicos que já estão considerando interagir com a marca.

- **Opções de Campanha:**

o   **Tráfego:** Leva visitantes ao seu site ou aplicação.

o   **Engajamento:** Aumenta curtidas, comentários e compartilhamentos.

o   **Visualizações de Vídeo:** Gera mais visualizações de vídeos promocionais.

o   **Geração de Cadastros:** Captura leads por meio de formulários simples no Facebook.

o   **Mensagens:** Incentiva as pessoas a enviar mensagens diretas para a empresa.

- **Quando Usar:**

o   Aumentar o tráfego do site.

o   Engajar audiências nas redes sociais.

o   Capturar leads para vendas futuras.

2.3. Conversão

Voltado para gerar resultados tangíveis, como vendas ou instalações de aplicativos.

•Opções de Campanha:

o   **Conversões:** Incentiva ações específicas no site, como compras ou inscrições.

o   **Vendas no Catálogo:** Promove produtos diretamente do catálogo.

o   **Tráfego para o Estabelecimento:** Direciona clientes para lojas físicas.

•Quando Usar:

o   Maximizar vendas online.

o   Promover eventos presenciais.

o   Converter leads em clientes efetivos.

3. Dicas para Escolher o Formato e Objetivo Corretos

•Compreenda seu Público-Alvo: Identifique as necessidades e desejos do público para criar campanhas relevantes.

•**Defina Objetivos Claros:** Escolha o formato e o objetivo do anúncio com base nos resultados desejados.

•**Teste e Otimize:** Realize testes A/B para identificar quais formatos e objetivos trazem os melhores resultados.

•**Monitore os Indicadores de Desempenho:** Use as métricas fornecidas pelo Facebook Ads para ajustar suas campanhas.

Ao entender os tipos de anúncios e os objetivos disponíveis no Facebook Ads, você pode criar campanhas mais eficazes e alinhadas com suas metas de negócio. Use essas informações como base para planejar estratégias que realmente impulsionem seus resultados.

22. Como Realizar Concursos e Sorteios Legais

Realizar concursos e sorteios no Facebook pode ser uma excelente estratégia para engajar o público, aumentar a visibilidade da marca e atrair novos seguidores. No entanto, para que a ação seja eficaz e esteja em conformidade com as leis e políticas da plataforma, é fundamental seguir algumas diretrizes. Este capítulo aborda os aspectos legais, as melhores práticas e as etapas necessárias para executar concursos e sorteios de maneira responsável e bem-sucedida.

1. Entendendo as Regras do Facebook

O Facebook possui diretrizes específicas para a realização de promoções, que incluem tanto concursos quanto sorteios. Segundo as políticas da plataforma, você deve:

•**Deixar claro que o Facebook não é responsável pela promoção:** Inclua um aviso como "Esta promoção não é patrocinada, apoiada, administrada ou associada ao Facebook".

•**Utilizar uma página comercial:** Promoções devem ser realizadas em páginas comerciais ou grupos, e não em perfis pessoais.

•**Não exigir ações proibidas:** Você pode pedir que os participantes curtam uma página, comentem em um post ou marquem amigos. No entanto, práticas como compartilhar publicações no perfil ou marcar amigos que não estão envolvidos com o sorteio são proibidas.

2. Aspectos Legais no Brasil e em Portugal

A realização de sorteios e concursos está sujeita a regulamentações legais que variam de país para país. Aqui estão os pontos principais para Brasil e Portugal:

Brasil

•**Autorização prévia:** No Brasil, sorteios e concursos geralmente exigem autorização da Secretaria de Avaliação, Planejamento, Energia e Loteria (SECAP). Promoções sem autorização podem ser consideradas irregulares e passíveis de multa.

•**Transparência:** Todas as regras devem ser divulgadas previamente, incluindo critérios de participação, prazos e como os ganhadores serão escolhidos.

Portugal

•**Declaração fiscal:** Promoções em Portugal podem necessitar de comunicação às autoridades fiscais, dependendo do valor do prêmio.

•**Regulamento acessível:** Assim como no Brasil, as regras da promoção devem ser claras e acessíveis aos participantes.

3. Planejamento do Concurso ou Sorteio

Um bom planejamento é essencial para o sucesso da promoção. Considere os seguintes passos:

Definir Objetivos

Antes de tudo, estabeleça o que você deseja alcançar com o concurso ou sorteio:

- Aumentar o número de seguidores.

- Engajar o público atual.

- Promover um produto ou serviço.

- Gerar leads qualificados.

Escolher o Formato

Decida se a promoção será um concurso (participação ativa com envio de conteúdo) ou sorteio (escolha aleatória de ganhadores). Alguns exemplos incluem:

- **Concurso de fotos ou vídeos:** Os participantes enviam conteúdo relacionado ao tema proposto.

- **Sorteio simples:** Ganhadores são escolhidos por sorteio entre os participantes que atenderem aos critérios.

Determinar os Critérios de Participação

- Quem pode participar? (ex.: faixa etária, residência em determinadas regiões).

- Como participar? (ex.: curtir, comentar, enviar uma foto).

- Data de início e término da promoção.

4. Criação do Regulamento

Um regulamento claro e objetivo é essencial para evitar problemas legais e confusões com os participantes. Ele deve incluir:

•Nome e descrição da promoção.

•Duração (início e fim).

•Critérios de participação.

•Forma de escolha dos ganhadores.

•Premiação (especificações detalhadas do prêmio).

•Como o ganhador será informado.

•Declaração de isenção do Facebook.

5. Ferramentas para Sorteios

Existem diversas ferramentas confiáveis para realizar sorteios, garantindo a transparência e a imparcialidade do processo:

•**Sorteador:** Simples e direto, ideal para sorteios básicos.

•**Comment Picker:** Ferramenta popular para sorteios baseados em comentários em postagens do Facebook.

•**Woobox:** Plataforma mais robusta, com recursos para concursos, sorteios e outras promoções.

6. Execução e Divulgação

•Crie um post atraente: Explique claramente as regras e inclua imagens chamativas.

•Promova a promoção: Utilize o impulsionamento de posts para alcançar mais pessoas.

•Monitore o desempenho: Acompanhe os comentários, interaja com os participantes e certifique-se de que as regras estão sendo seguidas.

7. Pós-Concurso ou Sorteio

Depois de anunciar os ganhadores, há algumas etapas importantes:

•Publicar os resultados: Seja transparente e informe o público sobre o vencedor.

•Entrar em contato com o ganhador: Certifique-se de entregar o prêmio conforme prometido.

•Analisar os resultados: Avalie se os objetivos foram atingidos e o que pode ser melhorado para as próximas promoções.

Realizar concursos e sorteios no Facebook pode trazer grandes benefícios para sua marca, desde que feitos de maneira legal e organizada. Seguindo estas diretrizes, você estará preparado para oferecer experiências envolventes ao público e construir uma reputação sólida online.

23. Dicas para Fazer Networking em Grupos de Nicho

O Facebook continua sendo uma das plataformas mais poderosas para conectar pessoas com interesses em comum. Grupos de nicho, em particular, oferecem um ambiente valioso para criar conexões significativas, trocar conhecimentos e até mesmo alavancar oportunidades profissionais. Aqui estão dicas exaustivas para tirar o máximo proveito de sua presença nesses grupos:

1. Escolha os Grupos Certos

A primeira etapa é encontrar os grupos que realmente sejam relevantes para o seu nicho. Considere:

•**Pesquisar por palavras-chave**: Use termos específicos ao seu nicho. Por exemplo, se você trabalha com marketing digital, procure por "marketing de conteúdo" ou "redes sociais para pequenos negócios".

•**Analisar a atividade do grupo**: Certifique-se de que o grupo é ativo, com postagens frequentes e interações significativas.

•**Avaliar o tamanho e a qualidade**: Grupos muito grandes podem ser dispersos, enquanto grupos pequenos tendem a ser mais focados e íntimos.

2. Leia as Regras do Grupo

Cada grupo tem suas próprias regras de conduta. Respeitar essas diretrizes é fundamental para evitar ser expulso e para construir uma reputação positiva.

•**Evite spam**: Muitos grupos proíbem publicidade direta.

•**Contribua antes de promover**: Participe de conversas, responda perguntas e compartilhe insights antes de tentar divulgar algo.

•**Siga os formatos**: Alguns grupos têm dias ou posts específicos para promoções e links.

3. Crie um Perfil Otimizado

Antes de interagir nos grupos, certifique-se de que seu perfil pessoal está alinhado com sua imagem profissional. Isso pode incluir:

•**Foto de perfil clara e profissional**.

•**Descrição breve e objetiva** sobre o que você faz.

•**Links relevantes** para seu site, portfólio ou LinkedIn.

Um perfil bem-curado aumenta as chances de as pessoas se conectarem com você fora do grupo.

4. Participe Ativamente

Networking eficaz exige participação regular. Algumas formas de se envolver incluem:

•**Comentar em postagens**: Adicione valor à conversa com insights ou experiências.

•**Fazer perguntas**: Mostre interesse genuíno em aprender com os membros.

•**Compartilhar recursos**: Links úteis, estudos de caso ou experiências que beneficiem o grupo.

Evite apenas "curtir" posts; a interação ativa gera visibilidade e conexões.

5. Ofereça Valor Antes de Pedir Algo

Networking é sobre reciprocidade. Demonstre que você está lá para contribuir antes de buscar algo em troca. Exemplos:

•**Responder dúvidas**: Use sua expertise para ajudar outros membros.

•**Criar posts informativos**: Poste dicas, tutoriais ou reflexões relevantes.

•**Celebrar conquistas**: Parabenize membros por suas vitórias e compartilhe suas histórias de sucesso.

6. Estabeleça Conexões Individuais

Identifique pessoas com interesses similares ou experiências complementares e inicie conexões mais profundas.

•**Envie mensagens privadas**: Mas apenas se for apropriado e não invasivo.

•**Convide para outras plataformas**: Como LinkedIn ou uma reunião virtual para discussões mais detalhadas.

•**Colabore em projetos**: Sugira parcerias que beneficiem ambos os lados.

7. Mantenha a Etiqueta Online

Networking em grupos requer boa etiqueta para não comprometer sua imagem:

•**Seja respeitoso**: Evite discussões políticas ou comentários ofensivos.

•**Dê crédito**: Se compartilhar ideias de outros membros, mencione-os.

•**Evite mensagens automáticas**: Isso pode parecer impessoal e desinteressado.

8. Aproveite as Oportunidades de Networking Offline

Alguns grupos organizam eventos offline ou webinars. Participar desses encontros pode solidificar as relações criadas online.

•**Participe de encontros presenciais**: Se possível, esteja presente em conferências, workshops ou reuniões locais.

•**Seja ativo em webinars**: Comente, faça perguntas e conecte-se com os palestrantes.

9. Monitore Seus Resultados

Acompanhe o impacto de sua participação nos grupos para ajustar suas estratégias conforme necessário:

•**Quantas conexões você fez?**

•**Quais oportunidades surgiram?**

•**Quão visível você se tornou?**

Use essas informações para identificar o que está funcionando e o que pode ser melhorado.

10. Seja Consistente

Networking bem-sucedido não acontece da noite para o dia. Reserve tempo semanalmente para interagir nos grupos e fortalecer sua presença.

•**Estabeleça metas claras**: Como postar uma vez por semana ou comentar em cinco postagens por dia.

•**Crie um cronograma**: Dedique tempo regular para sua participação.

Conclusão

Grupos de nicho no Facebook oferecem uma plataforma poderosa para networking quando utilizados estrategicamente. Escolha os grupos certos, participe ativamente e sempre procure agregar valor. Networking é uma estrada de mão dupla: quanto mais você contribui, mais tende a receber em troca.

24. Expandindo sua Presença com Publicações Patrocinadas

No mundo digital atual, onde as redes sociais dominam as interações e o consumo de conteúdo, o Facebook permanece uma das plataformas mais poderosas para expandir sua presença de marca e atingir seu público-alvo. Publicações patrocinadas, também conhecidas como "boosted posts", são uma das formas mais simples e eficazes de alcançar novos consumidores e fortalecer a relação com seus seguidores. Este capítulo explorará de forma detalhada como utilizar essa ferramenta para maximizar seus resultados.

Por que investir em Publicações Patrocinadas?

A primeira questão que muitos empreendedores se perguntam é: por que pagar para promover uma publicação se já existe um público que segue a página? A resposta está no algoritmo do Facebook. Apenas uma fração dos seus seguidores visualiza suas publicações de forma orgânica. Publicações patrocinadas garantem que seu conteúdo não apenas alcance um maior número de seguidores, mas também pessoas além da sua base atual.

Outros benefícios incluem:

1.   **Segmentação Precisa**: Você pode direcionar sua mensagem para públicos específicos com base em idade, gênero, localização, interesses e muito mais.

2.   **Controle de Orçamento**: Publicações patrocinadas permitem definir um orçamento que se adeque ao seu bolso, oferecendo flexibilidade para pequenos e grandes negócios.

3.　　　**Rápida Implementação**: Ao contrário de campanhas publicitárias complexas, as publicações patrocinadas são fáceis de configurar.

4.　　　**Medição de Resultados**: O Facebook fornece métricas detalhadas para analisar o impacto de suas publicações.

Como Criar Publicações Patrocinadas Eficazes

A eficácia de uma publicação patrocinada depende de vários fatores. Aqui estão as etapas essenciais para garantir o sucesso:

1. Escolha o Conteúdo Certo

Nem todo post merece ser patrocinado. Escolha publicações que gerem valor para o público e reflitam sua identidade de marca. Isso pode incluir:

- Anúncios de produtos ou serviços.

- Histórias de sucesso de clientes.

- Convites para eventos.

- Posts educacionais ou inspiradores.

Posts que já apresentam bom desempenho orgânico são excelentes candidatos para serem promovidos, pois já demonstraram relevância para o público.

2. Defina Seus Objetivos

Antes de patrocinar qualquer conteúdo, é fundamental determinar o que você deseja alcançar. Os objetivos podem variar entre:

•**Alcanço:** Aumentar a visibilidade de sua marca.

•**Engajamento:** Incentivar curtidas, comentários e compartilhamentos.

•**Cliques no site:** Direcionar tráfego para seu site ou loja online.

•**Geração de leads:** Capturar informações de contato de potenciais clientes.

3. Configure a Segmentação do Público

A segmentação é a alma das publicações patrocinadas. Utilize as ferramentas do Facebook para criar um público bem definido. Aqui estão algumas opções:

•**Localização:** Alvo baseado em cidade, estado ou país.

•**Demografia:** Idade, gênero e idioma.

•**Interesses:** Hobby, comportamentos de compra, filmes, música, etc.

•**Conexões:** Inclua ou exclua pessoas que já seguem sua página.

4. Estabeleça um Orçamento e Duração

Determine quanto está disposto a gastar e por quanto tempo deseja que a publicação fique ativa. Você pode escolher entre:

•**Orçamento Diário:** Valor gasto por dia.

•**Orçamento Total:** Valor total para o período selecionado.

Comece com um valor modesto para testar a eficiência antes de aumentar o investimento.

5. Use Criativos de Alta Qualidade

Uma imagem ou vídeo de baixa qualidade pode comprometer toda a sua campanha. Certifique-se de que os elementos visuais sejam atraentes, de alta resolução e estejam alinhados à sua mensagem.

Dicas:

•Use textos curtos e diretos.

•Insira um "call-to-action" (CTA) claro, como "Saiba Mais" ou "Compre Agora".

•Experimente diferentes formatos, como carrossel, vídeos curtos e stories.

Análise e Otimização

Acompanhar os resultados é crucial para garantir que seu investimento está gerando o retorno esperado. Utilize o Facebook Ads Manager para monitorar:

•**Alcanço:** Quantas pessoas visualizaram sua publicação.

•**Engajamento:** Quantidade de curtidas, comentários e compartilhamentos.

•**Cliques:** Número de cliques no link.

•**Custo por Resultado:** Quanto você está pagando por engajamento ou clique.

Com base nesses dados, ajuste suas práticas para futuras campanhas:

•**Teste A/B:** Compare diferentes versões de conteúdo para descobrir o que funciona melhor.

•**Reavalie o Público:** Ajuste a segmentação para atingir pessoas mais relevantes.

•**Varie os Criativos:** Alterne imagens e mensagens para evitar a "fadiga do anúncio".

Estudos de Caso

Uma pizzaria local decidiu promover um post oferecendo um desconto especial para novos clientes. Segmentando o público por localização e interesses em culinária, a empresa alcançou mais de 5.000 pessoas em apenas três dias. O resultado? Um aumento de 20% no tráfego para a loja e diversas vendas adicionais.

Já uma loja de roupas online utilizou publicações patrocinadas para anunciar sua coleção de primavera. Com um investimento de R$ 1.000, obteve 15.000 visualizações e 1.000 cliques no site, resultando em 50 vendas diretas.

Conclusão

As publicações patrocinadas no Facebook representam uma oportunidade incrível para pequenos e grandes negócios ampliarem sua presença online. Com uma abordagem estratégica, um investimento moderado e análise contínua, é possível gerar resultados significativos e impactar o público certo. Esteja disposto a experimentar, aprender com os dados e ajustar sua estratégia para maximizar seus retornos.

25. Personalização da Jornada do Cliente

A personalização da jornada do cliente tornou-se uma das estratégias mais eficazes para marcas que desejam se destacar em um mercado competitivo. O Facebook, com mais de 2 bilhões de usuários ativos mensais, oferece uma plataforma poderosa para criar experiências altamente personalizadas. Este capítulo explora como usar as ferramentas do Facebook para adaptar cada ponto de contato às necessidades e preferências dos clientes, desde o reconhecimento da marca até a fidelização.

1. Compreendendo a Jornada do Cliente

A jornada do cliente é composta por várias etapas:

•**Conscientização:** O cliente toma conhecimento da sua marca ou produto.

•**Consideração:** O cliente avalia se o seu produto ou serviço resolve seu problema.

•**Decisão:** O cliente escolhe comprar ou não.

•**Fidelização:** O cliente continua a interagir e comprar da sua marca.

Cada etapa exige uma abordagem personalizada, e o Facebook oferece ferramentas para atender a essas necessidades de forma eficaz.

2. Dados e Segmentação: A Base da Personalização

Uma personalização bem-sucedida depende de dados. O Facebook permite que as marcas coletem e analisem dados através de:

•**Pixel do Facebook:** Uma ferramenta essencial para rastrear as ações dos usuários em seu site.

•**Custom Audiences (Públicos Personalizados):** Permite criar audiências com base em interações anteriores, como visitas ao site, cliques em anúncios ou engajamento em páginas.

•**Lookalike Audiences (Audiências Semelhantes):** Facilita a expansão do alcance para pessoas com características semelhantes ao seu público atual.

Usando esses recursos, é possível identificar diferentes perfis e segmentá-los para criar campanhas altamente relevantes.

3. Personalização de Conteúdo para Cada Etapa

3.1 Conscientização

Nesta fase, o objetivo é captar a atenção do público e apresentar sua marca. Conteúdos visualmente atraentes e informativos são cruciais:

•**Vídeos:** Anúncios em formato de histórias ou feed, destacando os valores da marca.

•**Posts informativos:** Infográficos ou artigos que educam sobre um problema que seu produto resolve.

3.2 Consideração

Aqui, o cliente busca mais informações. Campanhas direcionadas podem incluir:

•**Depoimentos de clientes:** Histórias reais que demonstram os benefícios do seu produto.

•**Retargeting:** Anúncios que lembram os usuários de produtos visualizados anteriormente.

•**Conteúdos interativos:** Quiz ou enquetes que envolvam o público.

3.3 Decisão

A decisão de compra pode ser influenciada por:

•**Ofertas personalizadas:** Cupons ou descontos baseados no comportamento do cliente.

•**Prova social:** Número de vendas, avaliações e classificações de produtos.

•**Chatbots no Messenger:** Respostas rápidas e personalizadas para tirar dúvidas.

3.4 Fidelização

A retenção de clientes requer uma abordagem constante:

•**Grupos exclusivos:** Criar comunidades no Facebook onde clientes podem interagir.

•**Conteúdo VIP:** Oferecer ações exclusivas para clientes recorrentes.

•**Anúncios de recompra:** Campanhas que promovem produtos complementares.

4. Ferramentas Avançadas para Personalização

•**Dynamic Ads (Anúncios Dinâmicos):** Mostram produtos com base em interesses e interações passadas.

•**Facebook Analytics:** Acompanha o desempenho de campanhas e ajusta as estratégias em tempo real.

•**Messenger e WhatsApp Business:** Para uma comunicação mais direta e personalizada.

5. Medindo o Sucesso da Personalização

As métricas de sucesso ajudam a refinar a jornada do cliente:

•**Engajamento:** Curtidas, compartilhamentos e comentários nos posts.

•**Taxa de conversão:** Percentual de clientes que completaram uma ação, como uma compra.

•**Lifetime Value (LTV):** O valor total que um cliente gera durante seu relacionamento com a marca.

•**Retorno sobre Investimento (ROI):** Quanto cada campanha personalizada gera em relação ao investimento.

Conclusão

Personalizar a jornada do cliente no Facebook é uma estratégia poderosa para aumentar as conversões e fidelizar clientes. Usando ferramentas como segmentação de audiência, anúncios dinâmicos e comunicação direta, as marcas podem criar experiências significativas e memoráveis. O sucesso depende de uma compreensão profunda do público-alvo e do uso eficaz das ferramentas disponíveis na plataforma.

26. Análise de Tendências e Atualizações na Plataforma

O Facebook, desde sua criação em 2004, evoluiu de uma rede social simples para um ecossistema digital abrangente, com funcionalidades que atendem a indivíduos, marcas e empresas globais. Com mais de 2 bilhões de usuários ativos mensais, é crucial compreender as tendências e atualizações que moldam sua plataforma. Este capítulo explora as principais mudanças recentes e as implicações para aqueles que usam o Facebook como ferramenta de negócios.

Principais Tendências Recentes

1. **Integração de Plataformas e Ecossistema Meta:** Com a mudança para a Meta em 2021, o Facebook integrou mais profundamente suas

plataformas irmãs, como Instagram, WhatsApp e Messenger. Essa integração permite:

o   Compartilhamento de dados entre plataformas para publicidade mais direcionada.

o   Ferramentas de mensagens centralizadas para gerenciar comunicações de clientes em diferentes canais.

o   Expansão do marketplace e do e-commerce através de funcionalidades interligadas.

2.   **Foco em Conteúdo de Vídeo:** A emergência do Reels como resposta ao sucesso do TikTok tem impulsionado o consumo de vídeos curtos na plataforma. As estatísticas mostram que o engajamento com vídeos curtos supera outros formatos de conteúdo. Aspectos importantes incluem:

o   Algoritmos que priorizam Reels no feed de notícias.

o   Ferramentas de criação e edição simplificadas para criadores de conteúdo.

o   Monetização através de anúncios inseridos em vídeos.

3.   **Expansão do E-commerce:** O Facebook tem fortalecido sua posição no comércio eletrônico através de:

o   **Lojas no Facebook (Facebook Shops):** Espaços personalizados para marcas apresentarem e venderem seus produtos diretamente na plataforma.

o   **Live Shopping:** Eventos ao vivo com funções interativas, como compra direta.

o   **Integração com sistemas de pagamento:** Simplificando transações com soluções como o Meta Pay.

4.   **Privacidade e Transparência:** A preocupação com privacidade resultou em atualizações como:

o   **App Tracking Transparency (ATT):** Impacto significativo para anunciantes, exigindo permissão do usuário para rastreamento.

o   **Gerenciamento de dados:** Ferramentas para que os usuários controlem como suas informações são usadas.

o   **Políticas claras sobre uso de dados:** Reforçando a confiança do público.

Atualizações Recentes na Plataforma

1.   **Melhorias no Algoritmo de Feed**

o   Personalização mais refinada com base nos interesses e interações do usuário.

o   Redução na visibilidade de conteúdo sensacionalista ou desinformativo.

o   Priorizando postagens de amigos, família e comunidades locais.

2. Inteligência Artificial e Automação

o **Análise de Dados:** IA para oferecer insights mais precisos para criadores e empresas.

o **Chatbots Avançados:** Integração com Messenger e WhatsApp para automação de atendimento.

o **Moderação Automática:** Uso de IA para detectar e remover conteúdo impróprio rapidamente.

3. Novos Recursos para Criadores de Conteúdo

o **Assinaturas e Comunidades Pagas:** Recursos que permitem monetização direta de fãs.

o **Ferramentas de Colaboração:** Opções para postagens em parceria com outras contas.

o **Reels e Histórias:** Melhorias constantes nas funcionalidades.

4. Foco em Grupos e Comunidades

o Líderes de grupos têm mais ferramentas para moderar e engajar membros.

o Expansão de funcionalidades de monetização dentro de grupos.

o Recursos de descoberta de comunidades alinhadas aos interesses pessoais.

Implicações para Negócios

Empresas que desejam aproveitar as tendências e atualizações precisam:

1. **Adotar Estratégias Baseadas em Dados**

o   Usar insights fornecidos pelo Facebook Analytics para entender melhor o público.

o   Experimentar diferentes formatos de anúncio e medir o desempenho em tempo real.

2. **Investir em Conteúdo Autêntico**

o   Criar vídeos curtos e impactantes para captar a atenção rapidamente.

o   Engajar audiências por meio de histórias interativas e postagens relevantes.

3. **Explorar o Potencial de E-commerce**

o   Configurar uma loja no Facebook para vendas diretas.

o   Realizar transmissões ao vivo para promover produtos e interagir com clientes.

4. **Priorizar a Comunicação Transparente**

o   Respeitar as preferências de privacidade dos usuários.

o   Demonstrar compromisso com práticas éticas de publicidade.

Conclusão

O Facebook continua a ser uma plataforma essencial para conexões pessoais e profissionais. Compreender as tendências e atualizações é vital para maximizar seu impacto. Empresas e criadores que se adaptam rapidamente a essas mudanças estão melhor posicionados para crescer no dinâmico ambiente digital atual.

27. Como Evitar Penalizações e Manter a Credibilidade

A utilização do Facebook como ferramenta de marketing e vendas é essencial para muitos empreendedores e marcas, mas é igualmente vital compreender e respeitar as diretrizes da plataforma para evitar penalizações que possam comprometer a visibilidade e a reputação do seu negócio. Neste capítulo, exploraremos em detalhes como prevenir penalizações e manter a credibilidade no Facebook.

1. Compreenda as Diretrizes da Comunidade

As Diretrizes da Comunidade do Facebook são o conjunto de regras que regem o comportamento permitido na plataforma. Antes de iniciar qualquer estratégia de marketing, é fundamental estudar essas diretrizes, que incluem:

•Proibição de conteúdo que incite ódio, violência ou discriminação.

•Restrição de promoções de produtos ilegais ou regulados (como armas e drogas).

•Proibição de notícias falsas, spam ou informações enganosas.

Manter-se atualizado sobre as atualizações dessas diretrizes é essencial, pois o descumprimento pode resultar em bloqueio de conteúdo, suspensão de conta ou, em casos graves, remoção permanente da página.

2. Publique Conteúdo de Qualidade

A qualidade do conteúdo é um fator determinante para o sucesso no Facebook. Para evitar penalizações, certifique-se de que seu conteúdo:

•**Respeite os direitos autorais:** Evite usar imagens, vídeos ou textos sem permissão. Utilize bancos de imagens livres de royalties ou crie seu próprio material.

•**Seja relevante:** Publique conteúdo que interesse ao seu público-alvo e esteja alinhado com os objetivos da sua marca.

•**Evite clickbaits:** Títulos enganosos podem atrair punições, além de prejudicar a confiança do público.

Conteúdo informativo, bem estruturado e visualmente atrativo contribui para engajamento positivo e reduz as chances de reclamações ou denúncias.

3. Cuidado com as Práticas de Spam

O Facebook penaliza severamente práticas que sejam consideradas spam, incluindo:

•Publicar repetidamente o mesmo conteúdo em grupos diferentes.

•Marcar pessoas sem relação com a postagem.

•Enviar mensagens em massa para usuários.

Para evitar essas penalizações, adote estratégias que priorizem interações autênticas. Personalize suas mensagens e diversifique o tipo de conteúdo compartilhado.

4. Use Anúncios de Forma Responsável

Os anúncios no Facebook são uma poderosa ferramenta de alcance, mas é crucial obedecer às políticas de publicidade. Certifique-se de que seus anúncios:

•Apresentem informações verdadeiras e verificáveis.

•Evitem promessas irreais, como "perca 10 kg em uma semana".

•Sejam direcionados a públicos-alvo apropriados, sem segmentação discriminatória.

A revisão prévia do Facebook é minuciosa, e não cumprir os padrões pode levar à rejeição do anúncio ou até à suspensão da conta de publicidade.

5. Monitoramento Constante

Manter-se atento ao desempenho e à reputação da sua página é essencial para evitar problemas. Algumas práticas recomendadas incluem:

•**Use o Facebook Business Suite:** Esta ferramenta permite monitorar o engajamento, o feedback e as possíveis violações em tempo real.

•**Analise os relatórios de desempenho:** Identifique postagens com baixa aceitação ou que tenham gerado reclamações.

•**Responda rapidamente a reclamações:** Uma resolução eficiente de problemas pode evitar escalonamentos e relatórios negativos.

6. Interaja de Forma Autêntica

A interação com o público é uma parte vital da presença online, mas deve ser feita com profissionalismo. Para isso:

•Responda a comentários e mensagens de forma cortês e personalizada.

•Evite discussões públicas que possam prejudicar sua imagem.

•Incentive feedbacks positivos por meio de engajamento genuíno.

Essa prática não apenas melhora a percepção da marca, mas também reduz as chances de feedback negativo levar a penalizações.

7. Implemente Medidas de Segurança

O comprometimento de contas é outro fator que pode levar a penalizações injustas. Para proteger sua conta:

•Ative a autenticação de dois fatores.

•Utilize senhas fortes e únicas.

•Restrinja o acesso a contas de publicidade e páginas apenas a pessoas confiáveis.

Manter sua conta segura garante que terceiros mal-intencionados não utilizem sua página para práticas ilícitas.

8. Resolva Violações Rapidamente

Caso sua conta ou página receba uma notificação de violação, é essencial agir rapidamente:

•**Revise a notificação:** Entenda qual regra foi violada.

•**Corrija o problema:** Edite ou remova o conteúdo conforme as diretrizes.

•**Entre em contato com o suporte:** Caso a penalização tenha sido aplicada de forma injusta, envie um apelo ao Facebook com uma explicação clara e objetiva.

A resolução rápida de problemas demonstra boa fé e pode minimizar os impactos na sua credibilidade.

Conclusão

Evitar penalizações no Facebook exige um equilíbrio entre criatividade e conformidade. Respeitar as diretrizes da plataforma, publicar conteúdo de qualidade e interagir de forma autêntica são os pilares para manter uma presença online sólida e confiável. Com monitoramento constante e medidas preventivas adequadas, sua marca pode prosperar no Facebook sem correr riscos desnecessários.

28. Casos de Sucesso: Aprendendo com Histórias Reais

O Facebook, com mais de 2 bilhões de usuários ativos mensais, é uma plataforma essencial para marcas que desejam se conectar com audiências globais. O poder dessa rede social vai além dos números – é também um terreno fértil para inovação, criatividade e resultados tangíveis. Vamos explorar casos reais de negócios e empreendedores que transformaram desafios em oportunidades através do uso estratégico do Facebook.

1. Pequenas Empresas e a Construção de Comunidades Locais

Caso: Padaria Artesanal de Bairros

Uma padaria familiar em Lisboa enfrentava uma queda significativa nas vendas após a inauguração de um grande supermercado nas proximidades. Para competir, os proprietários decidiram utilizar o Facebook para destacar o diferencial de seus produtos artesanais e promover sua conexão com a comunidade local.

Estratégia:

•**Postagens humanizadas:** Fotos da equipe de padeiros trabalhando, acompanhadas de histórias pessoais sobre suas tradições culinárias.

•**Promoções exclusivas:** Cupons e descontos para clientes que seguiam a página.

•**Engajamento comunitário:** Criação de eventos como "Aula de Pão" para crianças do bairro, com inscrições feitas diretamente no Facebook.

Resultados:

•Um aumento de 40% nas vendas em três meses.

•Crescimento de 300% no número de seguidores.

•Fidelização de clientes através de uma conexão emocional com a marca.

Lembrete:

A história da padaria ilustra como o Facebook pode ser usado para criar um relacionamento autêntico com a comunidade local. Investir em storytelling e interação constante transforma seguidores em embaixadores da marca.

2. Startups e a Geração de Leads Qualificados

Caso: Plataforma de Cursos Online

Uma startup especializada em cursos de programação para iniciantes buscava crescer sua base de alunos em mercados estrangeiros, mas enfrentava dificuldades para se destacar em um nicho altamente competitivo.

Estratégia:

•**Campanhas de vídeo:** Criação de tutoriais curtos que apresentavam conceitos básicos de programação, com links para inscrições.

•**Anúncios segmentados:** Utilização de ferramentas do Facebook Ads para atingir profissionais de TI e estudantes universitários em mercados específicos como Brasil e Índia.

•**Chatbots:** Integração do Messenger para tirar dúvidas em tempo real e guiar os interessados até a página de compra.

Resultados:

•Crescimento de 70% na taxa de conversão.

•Redução de 25% no custo por lead.

•Expansão para três novos mercados internacionais em menos de um ano.

Lembrete:

Os vídeos curtos e dinâmicos geram alto engajamento no Facebook. Aliados à segmentação detalhada de anúncios, eles permitem que startups conquistem um público qualificado com investimentos moderados.

3. Marcas Globais e a Ampliação de Reconhecimento

Caso: Campanha de Moda Sustentável

Uma marca global de roupas sustentáveis queria aumentar a consciência sobre suas iniciativas ecológicas e incentivar consumidores a adotarem moda responsável.

Estratégia:

•**Histórias no Facebook:** Série de vídeos curtos destacando a produção ética e depoimentos de trabalhadores.

•**Influenciadores locais:** Parcerias com influenciadores para promover a coleção em seus países.

•**Grupos do Facebook:** Criação de comunidades onde consumidores compartilhavam ideias sobre moda sustentável e dicas para reduzir o impacto ambiental.

Resultados:

•Alcance de 20 milhões de pessoas em três meses.

•Aumento de 15% nas vendas online.

•Consolidação da marca como líder em moda sustentável.

Lembrete:

Histórias visuais e comunidades ativas são poderosas para construir reconhecimento de marca. Uma mensagem autêntica e alinhada aos valores do público atrai defensores da marca de forma orgânica.

4. Iniciativas Sociais e o Impacto Global

Caso: ONG de Educação Infantil

Uma ONG internacional que promove educação infantil em regiões vulneráveis usou o Facebook para arrecadar fundos e conscientizar sobre seu trabalho.

Estratégia:

•**Transmissões ao vivo:** Exibição de projetos em andamento, permitindo que doadores vissem o impacto de suas contribuições em tempo real.

•**Campanhas virais:** Incentivo para que os seguidores compartilhassem uma postagem especial, com doações correspondentes de patrocinadores a cada compartilhamento.

•**Botão de doação:** Implementação de botões de doação nas páginas e postagens.

Resultados:

•Recolhimento de US$ 2 milhões em doações em apenas seis meses.

•Aumento de 50% no número de voluntários cadastrados.

•Fortalecimento da presença global da organização.

Lembrete:

O Facebook é uma ferramenta valiosa para criar campanhas sociais com grande impacto. Conectar-se emocionalmente com o público e oferecer meios fáceis para contribuir são elementos essenciais para o sucesso.

Esses casos de sucesso mostram como o Facebook pode ser utilizado de maneira estratégica e criativa para atingir objetivos diversos. Desde pequenas empresas até marcas globais e iniciativas sociais, a plataforma oferece um arsenal de ferramentas que, quando bem aproveitadas, geram resultados extraordinários. Qual será a próxima história de sucesso que você criará?

29. Erros Comuns nas Vendas pelo Facebook e Como Evitá-los

O Facebook continua sendo uma das plataformas mais poderosas para vendas online. Com mais de 2 bilhões de usuários ativos mensais, ele oferece uma vasta audiência para empreendedores e empresas. No entanto, muitos vendedores cometem erros que comprometem seus resultados. Identificar e evitar esses erros pode fazer toda a diferença entre o sucesso e o fracasso nas vendas pela plataforma. A seguir, exploraremos os erros mais comuns e como corrigi-los.

1. Perfil Pessoal em Vez de Página Comercial

Um dos erros mais recorrentes é utilizar um perfil pessoal para vendas. Além de infringir as diretrizes do Facebook, essa prática limita os recursos disponíveis para o vendedor. Por exemplo, páginas comerciais permitem acesso a ferramentas de análise, como Facebook Insights, e opções de publicidade segmentada.

Como evitar:

•Crie uma página comercial. Essa é a plataforma adequada para promover produtos e serviços.

•Utilize as ferramentas de gestão de páginas para entender sua audiência e melhorar seu desempenho.

2. Não Definir um Público-Alvo Claro

Outro erro comum é tentar atingir um público muito amplo. Isso resulta em mensagens genéricas que não atraem nem engajam.

Como evitar:

•Use as ferramentas de segmentação do Facebook para atingir seu público ideal com base em idade, localização, interesses e comportamentos.

•Crie personas para compreender melhor as necessidades e os desejos de seus clientes potenciais.

3. Postagens Excessivas ou Irrelevantes

Postar com muita frequência pode irritar os seguidores, enquanto postar conteúdo irrelevante faz com que eles percam o interesse.

Como evitar:

•Planeje um calendário de postagens com conteúdo relevante e variado.

•Utilize a regra 80/20: 80% do conteúdo deve ser informativo ou educativo, e apenas 20% promocional.

4. Falta de Interação com a Audiência

Ignorar comentários ou mensagens privadas passa a impressão de descaso com os clientes.

Como evitar:

•Responda rapidamente aos comentários e mensagens.

•Use mensagens automáticas para garantir que os clientes sejam atendidos imediatamente e complemente com respostas personalizadas.

5. Não Investir em Anúncios

Depender exclusivamente de postagens orgânicas pode limitar o alcance do seu negócio.

Como evitar:

•Reserve parte do seu orçamento para publicidade no Facebook.

•Teste diferentes tipos de anúncios (como carrossel, vídeo e stories) para descobrir o que funciona melhor para seu público.

6. Fotos e Descrições de Produtos de Baixa Qualidade

Imagens desfocadas ou descrições incompletas afastam os clientes em potencial.

Como evitar:

•Invista em fotos de alta qualidade. Use boas iluminação e enquadramento.

•Escreva descrições detalhadas que incluam benefícios e especificações do produto.

7. Subestimar a Importância dos Depoimentos

A ausência de avaliações ou depoimentos pode gerar desconfiança nos consumidores.

Como evitar:

•Incentive os clientes satisfeitos a deixar avaliações na sua página.

•Destaque os depoimentos mais positivos em suas postagens.

8. Ignorar Análises de Dados

Não acompanhar os dados sobre o desempenho da página ou dos anúncios impede melhorias efetivas.

Como evitar:

•Utilize o Facebook Insights para monitorar engajamento, alcance e desempenho de postagens.

•Ajuste sua estratégia com base nos dados obtidos.

9. Preços Ocultos ou Difíceis de Acessar

Ocultar os preços nos posts pode afastar compradores que preferem saber rapidamente o custo de um produto.

Como evitar:

•Seja transparente. Inclua os preços nos posts ou na descrição dos produtos.

•Use a loja do Facebook para exibir produtos e preços de forma organizada.

10. Não Utilizar Conteúdo em Vídeo

A ausência de conteúdo em vídeo pode limitar o engajamento, considerando que vídeos são altamente valorizados no Facebook.

Como evitar:

•Crie vídeos curtos e envolventes para apresentar produtos ou compartilhar depoimentos.

•Utilize legendas para tornar os vídeos acessíveis a todos.

11. Não Aproveitar Grupos do Facebook

Muitos vendedores ignoram o potencial dos grupos, que reúnem pessoas com interesses específicos.

Como evitar:

•Participe de grupos relacionados ao seu nicho.

•Contribua com conteúdo valioso antes de promover seus produtos.

12. Ignorar Mobile-Friendly

Com a maioria dos usuários acessando o Facebook por dispositivos móveis, não otimizar os posts para mobile é um grande erro.

Como evitar:

•Certifique-se de que as imagens e vídeos sejam responsivos.

•Verifique como os anúncios e a loja do Facebook aparecem em dispositivos móveis.

Ao evitar esses erros e aplicar boas práticas, você pode maximizar suas chances de sucesso no Facebook. Lembre-se de que vendas bem-sucedidas exigem consistência, criatividade e análise contínua do mercado e de suas estratégias. Com essas diretrizes, você estará melhor preparado para transformar o Facebook em uma ferramenta eficaz de vendas.

30. Conclusão: O Futuro das Vendas no Facebook

A evolução do Facebook como uma plataforma de vendas é um testemunho de sua capacidade de adaptação às mudanças nas preferências dos usuários e às dinâmicas do mercado digital. Hoje, mais do que apenas uma rede social, o Facebook é um marketplace integrado, onde negócios de todos os tamanhos encontram oportunidades para crescer e se conectar com clientes em escala global. No entanto, como qualquer ferramenta tecnológica, o sucesso no Facebook requer um olhar atento para o futuro e a compreensão das tendências emergentes.

Personalização como Pilar Central

Uma das forças mais proeminentes no futuro das vendas no Facebook é a personalização. O uso de algoritmos sofisticados para entender o comportamento do usuário permite que as empresas apresentem produtos e serviços sob medida para as necessidades individuais. As ferramentas como o Facebook Pixel e as opções de segmentação por interesses, localização e comportamento continuarão a se refinar, tornando os anúncios mais relevantes e eficazes.

A personalização não se limita apenas à publicidade. Os recursos de mensagens diretas, como o Messenger e o WhatsApp, integrados ao ecossistema do Facebook, permitem um atendimento personalizado e imediato. Este tipo de interação cria um vínculo mais forte entre marcas e consumidores, aumentando a fidelização e as taxas de conversão.

Experiências de Compra Imersivas

Com a ascensão da realidade aumentada (AR) e da realidade virtual (VR), o Facebook está liderando o caminho para criar experiências de compra mais imersivas. Funcionalidades como "experimentar antes de comprar" usando AR já estão disponíveis em categorias como moda e decoração. No futuro, essas ferramentas se expandirão para incluir mais setores, permitindo aos consumidores interagir com produtos de maneira inovadora.

O desenvolvimento do metaverso, impulsionado pela Meta (empresa mãe do Facebook), também desempenhará um papel fundamental no futuro das vendas. Espaços virtuais onde os consumidores podem explorar lojas, participar de eventos e experimentar produtos em um ambiente digital totalmente imersivo transformarão a forma como as empresas interagem com seus públicos.

Sustentabilidade e Consciência Social

Os consumidores modernos estão cada vez mais preocupados com questões ambientais e sociais. Negócios que demonstram compromisso com a sustentabilidade e a responsabilidade social tendem a ter mais sucesso na plataforma. O Facebook facilita essa conexão, permitindo que marcas compartilhem suas histórias, valores e práticas sustentáveis de forma autêntica.

Além disso, os recursos de doações e campanhas sociais integrados ao Facebook continuarão a crescer, oferecendo às empresas uma maneira de engajar suas audiências em iniciativas de impacto positivo.

Automatização e Inteligência Artificial

A automação é outra área de crescimento significativo. Chatbots alimentados por inteligência artificial já permitem que as empresas forneçam suporte ao cliente 24 horas por dia, 7 dias por semana. Esses sistemas vão se tornar ainda mais sofisticados, proporcionando respostas mais humanas e interações mais fluidas.

Além disso, a IA está sendo utilizada para otimizar campanhas publicitárias. O aprendizado de máquina analisa grandes volumes de dados para identificar tendências e sugerir estratégias, ajudando os anunciantes a maximizar o retorno sobre o investimento.

Integração Multicanal

A experiência do consumidor não se limita ao Facebook. Uma tendência crescente é a integração multicanal, onde as interações em diferentes plataformas, como Instagram, WhatsApp e sites próprios, são conectadas de maneira coesa. O Facebook está desenvolvendo soluções para garantir que essas experiências sejam fluidas, ajudando as marcas a criar jornadas do cliente mais integradas.

Desafios e Oportunidades

Apesar de todas as oportunidades, o futuro das vendas no Facebook também enfrenta desafios. As mudanças nas políticas de privacidade, como o impacto do iOS 14 nas opções de rastreamento, forçam as empresas a reavaliar suas estratégias de coleta e uso de dados. Além disso, a crescente concorrência no espaço digital exige que as marcas inovem constantemente para se destacar.

Ainda assim, o potencial de crescimento é imenso. Negócios que investem em estratégias centradas no cliente, utilizam as tecnologias emergentes e mantêm um compromisso com a transparência e a responsabilidade social estarão bem posicionados para prosperar.

Conclusão Final

O Facebook continuará a evoluir como um ecossistema vibrante para vendas, moldando o futuro do comércio digital. Empresas que abraçam a inovação e mantêm o cliente no centro de suas estratégias estarão bem equipadas para navegar pelos desafios e aproveitar as oportunidades deste mercado em constante transformação.

www.ingramcontent.com/pod-product-compliance
Lightning Source LLC
LaVergne TN
LVHW022346060326
832902LV00022B/4272